만인시인선·70

13詩 자선집

13詩 자선집

만인사

| 책머리에 |

늦가을이다. 초록이 아쉬운 풀과 나무들도 여기저기서 울긋불긋 가을꽃을 피우고 있다. 빨갛게, 빨그스름하게, 노랗게, 노르스름하게 그리운 말들이 피어난다. 모두가 하나의 소리로, 하나의 향기로 말하고 있다.

〈13시〉 동인은 2013년 대구시인협회 입회 동기 13명이 13 가지 詩로 출발하였고, 2015년 겨울에 첫번 째 사화집 『13시』를 출간하였다. 또한 올해 만인사 기획시집 〈만인시인선 70〉으로 『13詩 자선집』을 출간한다.

비가 오지 않는 곳엔 무지개가 뜨지 않는다고 한다. 삶에 왜 무지개가 뜨지 않는지, 무지개를 얻기 위해선 먼저 비를 맞고 견디는 혹독한 시간이 필요하다. 눈물이 없는 눈엔 결코 무지개가 뜨지 않기 때문이다.

이탈리아 영화배우 안나 마니냐가 늙어서 사진을 찍을 때 사진사에게 "얼굴 주름을 얻는데 평생이 걸렸다"라며 자기 주름살을 수정하지 말라고 했다.

꿈을 이룬 사람들은 모두 자신의 나이를 숨기지 않는다.

주름이든, 상처든, 흰머리든 그 모든 것에 자신이 치열하게 꿈꿔온 모든 기록이 담겨 있기 때문이다. 꿈은 명사가 아니라, 당신의 인생을 움직이는 동사라고 한다.

앤드류 매튜스는 "행복의 비밀은 자신이 좋아하는 일을 하는 것이 아니라 자신이 하는 일을 좋아하는 것이다"라고 하였다. 복잡하고 다양한 시대에 살면서 자신이 좋아하는 일을 하면서 살아 갈수는 없지만, 자신이 하는 일을 좋아하면서 살아가는 것이 행복이 아닐까 생각하며, 13 가지의 詩를 〈만인시인선〉 70호에 담고자 한다. 끝으로 이 터전을 마련해준 만인사 박진형 시인에게 고마움을 전한다.

2019년 늦은 가을에
〈13시〉 동인 회장 박태진

차 례

김형범/사랑비

박언숙/화장실 속 휴대폰

차 례

변희수/눈사람의 말

사윤수/저녁이라는 옷 한 벌

차 례

윤순희/자귀나무 사랑

윤은희/현대사 전당포의 비밀

차 례

김상윤

하나님과 장미꽃

1964년 강원도 영월 출생, 2002년 『문학세계』로 등단하고, 시집 『그대 손은 따스하다』, 『슈뢰딩거의 고양이』를 출간함.

작년 여름엔 새벽의 희미한 빛 속에서 엄마 고양이와 새끼 고양이의 노는 모습을 보았다. 길고양이들 밥그릇에 사료를 담자 엄마 고양이가 다가와서 냄새를 맡더니 숨겨 놓은 새끼 고양이들을 불러 모았고 세 마리의 앙증맞은 애기들이 어둠 속에서 튀어 나와 놀기 시작했다. 고요함 속에 대문을 열어두고 바깥의 감나무 아래 모습을 지켜보느라 한참 서 있는데 한 녀석이 내가 사람인 줄 모르고 발 아래로 다가와 반갑다고 말을 했더니 기겁을 하고 도망갔다. 그 때 처음 알았다. 내 목소리가 자연과 한참 멀며 아무리 목소리를 곱게 내더라도 저들의 순수한 언어에 도저히 미칠 수 없음을, 세상 때가 많음을.

봄의 궤도

전동 휠체어 탄 아저씨
뒷다리에 바퀴를 단 강아지
입을 헤벌쭉 벌리고 같이
지구 위에 있다

궤도 바깥으로 풍경들 지나가고
태양도 달도 매화 곁으로
다리가 없는 별들도 함께 가고

햇살은 강아지 콧등에 빛나다가
움직이는 바퀴들을 밀어준다
지구를 타고 우리는
따뜻한 품 속을 날고

가슴엔 빛나는 눈물방울, 웃는다

블루문*

보라와 분홍 사이에서
기다리고 있었죠
눈 오고 눈 그치고
해와 달 몇 번 지났는지 세지 않았어요

떨리는 어깨 엉키는 머리카락
어쩌다 옮겨진 자리 바람 잘 날 없는 여기서
흔들릴수록 강해져야하는 손목들
열이 많을 때 바람은 어디로 향하는 걸까요

더 깊이 뿌리 내려야하는데
보라와 분홍 사이 눈금 아직 잡히지 않아요

우리의 블루문 빛깔을 들고
어디쯤 오고 있나요
나의 빛깔은 분홍으로 기울고 있는데
어느 길목 무슨 달로 가까이 와있나요

바람 세차게 달을 당기는

하늘에 푸른빛만
가득하네요

*장미 품종으로 분홍과 보라 그 어디쯤의 꽃빛으로 피어난다. 바람과 기온에 따라 또는 태양의 고도에 따라 붉고 푸른 정도가 조금씩 다른데 모월 모시에 본 빛깔들은 그 때마다 분홍과 보라의 눈금 사이에 있었다. 이것은 어디까지나 눈으로 본 내 관찰일 뿐 블루문이 빚어내는 빛깔의 객관적인 이론 및 비법은 모른다.

모래알들

맨발로 강변을 걸었다
모래알들이 발을 받아주었다
손도 없이 심장만 남은 결정체들이
가슴으로 안아주었다

키 작은 친구에게 자기 등을 발판으로 내어 주는 것처럼
친구의 사랑처럼 등으로 나를 밀어올려 주었다
땅 속으로 꺼져 내려가는 내 몸뚱이를
모래알들이 온 힘을 다해 잡아주었다

물은 반짝이며 흘러가는데
그 반짝임에 매일 몸을 닦는 모래알들이
처음 보는 나를 그렇게 따뜻이 맞아주었다

이 사랑 어디서 온 것인가

먼 하늘로부터 지구로
처음 안기던 때를 생각해 본다

고양이, 달

노란 보름달 속엔 옥토끼 아니야
회색 고양이 한 마리, 아니 두 마리
엄마 고양이 함께 아기 고양이 놀고 있는 거지

골목에서 죽은 아가들 건너가는 달나라
거기 놀고 있는데 오늘은 달무리 고와서 고양이들 보이지 않네

머리에 못이 박혔던 아가
목에 끈이 감겼던 아가
자동차에 터져 죽었던 아가
담뱃불로 지져졌던 아가
장난질에 한 쪽 눈멀었던 아가
모두모두 울음 울러 하나님 앞에 가고
오늘 달무리 고운 하늘
달 속에 아가들 보이지 않네

두 개의 심장

1
저녁이 왔다
반달칼을 높이 들고

창 닫으며 칼날을 본다
밖은 저녁인데 내 안은 어둠이다
두 개의 등불로 빛나는 어둠

한 가슴 속에 두 개의 등불이 빛나는
것은 사랑의 기하학* 때문이랬다
동사와 서독**이 인생을 떠돈 것은
펼서 같은 그대의 심장을 오른쪽 가슴에
받아 안지 못했기 때문

반달칼은 심장을 도려내기 좋은가요
저녁은 질투하는 걸까요

2
다시 저녁이 왔다
굵어진 반달칼을 들고

창 닫으려 하늘을 본다
오늘은 둥근칼이 의심을 따라와
오른쪽 심장을 도려낸다

피 흘리며 심장 공중에 떠오른다
남쪽 하늘에 붉은 달이 떴다

* 심보선의 시 「지금 여기」에서 변용
** 영화 『동사서독』의 인물들인 동사와 서독

우주의 장미밭

아침 햇살
꽃들 깨어난다
은하와 은하 사이
성단과 성운 사이

고개 들고 귀를 연다
물소리 들리는 저 깊이까지
바람 속에 두레박을 내린다

참새 나비 고양이의 고요와
개와 인간의 소란이
물결처럼 일렁일 때
아침 꽃 향기 벌써 가고 없지만

우주의 여기에
장미는 남은 힘 다해 어린 꽃을 밀어올린다

누군가 내일을 불러온 게 아니라

그냥 오늘이 온 것 같지만
나는 모든 것들의 열망을 생각한다

겸손히 살아 있다면 언제나
아침이 올 것이다

뿌리들

가끔씩 바깥을 생각하는 듯
불룩하게 땅 위로 돋은 곳이 있지만
아래로 땅 속 깊이 들어가 솜털까지
흙을 꼭 잡고 있는 뿌리들

쉼없이 어둠 속 더듬어 가서
물 밀어올려 우듬지까지 보내고 마는
뿌리들 속도가 나지 않아도
아무도 보지 않아도 위로해 주지 않아도

어떤 뿌리는 수 십 년
어떤 뿌리는 천년이 넘도록 그렇게
산다 주변이 아름답도록

세상 모든 것들의 뿌리
어떨 때는 내가 튼실한
그런 뿌리가 되어야 한다

당신을 만나려고

나는 새에게서 잠들었다 새의 날개와 조그만 심장에서 잠들었다 새의 노랫소리가 핏줄 타고 흐르다가 내 혀로 올라와 공중으로 날아갈까 했다

나는 어린양에게서 잠들었다 포근한 털에 얼굴 묻고 그 조그만 심장 고동 소리 들으며 잠들었다 양의 울음소리 핏줄 타고 흐르다 내 목구멍으로 올라와 당신을 불렀다

자다 깨어나 남쪽 창 열면 가장 밝은 별이 달을 위로하고 있었다, 달도 별도 눈물에 씻은 얼굴이 밝아 새벽처럼 빛날 때

새벽은 나를 이끌고 나는 새벽 품에서 경전을 읽었다 길 찾아 샘물 찾아 글자 사이를 거닐었다. 당신을 만나려고

말씀

하늘 책을 읽으려 애쓰고 있었다
그 날 구름 한 장 한 장
아래쪽 하늘과 그 너머 하늘의

눈 내리는 장미밭에
쏟아져 내리는 낱말들을 보고 있었다

희고 고운 날개를 단
장미에게 보내는 말씀

찬바람 피해 양지에 쪼그려 앉은
빨간 꽃들에 얹혀 있는 보석을
늦가을 장미밭 하나님의 문자들을

눈부셨다

며칠 후 드라이플라워 몇 송이
꽃밭에 서 있었다

그 날 그 글의 뜻을
지금도 나는 알 수 없지만
장미는 이해하였던 것이다

하나님과 장미꽃

성소에 내리는
하나님의 빛처럼

꽃밭에 쏟아지던 햇살

그 아침 장미들은
예배를 드리고 있었다

참을 수 없는 경건함과
가장 깨끗한 순수

신발을 벗고
무릎으로 드리는 예배
하늘 우러르며 올리는
욕심 없는 기도

그 시간 나는 그곳에서
가장 죄 많은
생명체였다

김형범

사랑비

1952년 충북 충주 출생, 2010년 『사람과문학』으로 등단, 사화집 『13시』 출간, 대구문인협회 사무국장.

낯선 삶에 시를 만나면 평온하다.
무엇이든 터놓아도 받아주고,
가끔 삐치고 외면해도
보듬어 주는 시 헤어날 수 없다.
바쁘다는 핑계로 시에 무심하였다.
나의 가슴을 찡하게 울리는 시,
늘 고맙고 아름다움에 눈물이 난다.

어느 불장난

오월 담장 아래
어느 철없는 여자가 불을 지르느가
벌겋게 달아오르며 번져가고 있다

인화물질은
언제나 안전거리에 있어야 한다고
그렇게 알려주었건만

지나가는 봄바람과 떨어질 줄 모르고
넝쿨장미 입술 그렇게 비벼대더니

가랑비
그 불길 끄느라
이른 새벽부터 저리
하염없이 내리고 있다

봄이 오면

약속은 없어도
꽃씨 하나 숨기고
나뭇가지 끝에 앉아 왼종일 기다린다

그를 영원히 간직하려는 바람은 불치의 병인가
옷자락에 스치는 한 자락 바람결에도 소스라친다

뜨거운 입김으로 밀려오는 너의 밀어에
녹슨 빗장은 소리 없이 열리고

내 속에 얼었던 강물은 녹아내려 어깨 들썩이며
은빛 날갯짓을 한다

별이 유난히 빛나는 날 그의 신부가 되어
한 아름의 봄 향을 안고
그의 품에서 꽃잠 살포시 들고 싶다

꽃진 자리가 아무리 아프더라도……

빈집

허전한 바람만이 맴돈다

담까지 넘쳐 나던 웃음소리
훌쩍 떠난 뒤 돌아오지 않고

목 꺾인 안테나 위
나팔꽃이 흘러간 시간을 뒤돌아본다

늦은 밤 귀뚜라미들
전화벨 요란스레 울리고

젖은 달빛만이
빈 마당에 내려앉는다

가시고기

괜찮아

빈속을 찬 물 한 잔으로 채워도
오늘도 내 땀을 팔아야 한다

천 근 같은 삶 홀로 지고 발버둥친다
한파 몰아치는 벼랑 끝에 서서도 너털웃음 짓는
그 뒷켠에는 드센 물결 소리뿐

모래밭에 꽃 한 송이 피워보려고
숯덩이 가슴 색칠하여 팔색조가 된다

분주한 몸짓으로
거친 물살을 쉼없이 헤엄쳐도 늘 제자리

이정표는 어디 있나

풍경

곡비였던가
그 전생은

남모르게 울고 싶을 바람과
중생의 바램 듣느라

아픈 부처님
바람에 늘 흔들리고 있는 산

그들 위해 하늘 길 찾아 주느라
외진 산사 추녀 끝에서
오늘도 울고 있구나

가을날

검버섯 피어오른 감나무 단풍잎
낙화암 궁녀인가
갈바람은 안스러워 두 손으로 받쳐보지만
작은 신음 마저 삼키고 말문 닫는다

저렇게 뛰어 내리기까지 며칠 밤을 뒤척였을까
자신의 그늘이 짐이 된다고
내 한 몸 버려야 네가 익을 수 있다고

그 사랑
맨몸으로 찬이슬 맞는 게 애처러운지
고추잠자리는 쉼없이 맴돌고
벌레들 밤새워 울어댄다

사랑비

청보리 밭에 가랑비가 내린다
잎사귀에 부딪히며 흐르는 빗물이 차갑다
죽 끓을 듯 하는 내 마음
비 오는 날이면 길을 나선다

비가 내리는 저녁
불쑥 내 안에 다가온 냉정한 사람
비를 유난히 좋아하던 사람
비가 내리면 돋아나는 시들지 않는 그리움

비가 내리는 날은
먼 곳에 있어도 마음은 어느새 지름길로 달려간다
비가 내리는 밤에는 쉽게 잠들지 못하고
불빛같이 창을 넘어 어둠을 무너뜨리고
소낙비가 되어 달려간다

사랑해서 미안해

어느 날
뜨거운 바람이 눅눅한 내 가슴에 들어와
시들지 않는 꽃 한 송이 피어 올렸다
하늘에 별 하나 더 해지고
달빛이 쏟아지는 밤 가보지 않은 바다에서 하나가 되었다

보낼 수 없는 사람을 보내야 하는 사람
떠나가도 이별이라 하지 말자

그대 없는 삶은 아무 의미 없는 생이겠지
이제 너무 멀리 와 돌아가는 길을 잃었다

그대 떠난 빈 자리에 눈물만 고여있다
기다려 달라 이별은 아니라며
돌아보지 않고 아이같이 뛰어갔다

그대 떠나도 그대 내 안에 있네

바다

지치지도 않는다
불끈 솟아 오른 힘줄로
팽팽히 당겼다 놓았다

무슨 한이 저렇게 많은가
삶의 골짜기 찌꺼기들 사라질 때까지 부수다가
거대한 암벽에 걸려 무참히 무너지기도 한다

가도 가도 닿을 수 없는
살아가야 할 이유를 찾아 헤매이다
칠흑 같은 밤
제 뼈를 깎아 섬 하나를 낳는다

산다는 것은 늘 제 살을 도려내는 일
저 혼자 소리치다
벽을 후려치면서 웃다 우는 것

바람개비

돌이켜보면

모난 돌이였던 내 마음이
그대 돌아서게 하였음을

귀 붉히며 떠난다는 그 말이
꼭 잡아 달라는 뜻 인줄
이제야 알겠네

세월이 가면 갈수록
샘처럼 솟는 그리움으로
오늘도 쉼없이 돌기만 한다

박언숙

화장실 속 휴대폰

1960 경남 합천 출생, 호산대학교 노인복지과 졸업. 2005년 《애지》로 등단, 사화집 『13시』 출간.

가을이 따끔하게 물었다

“다 들고 얼마나 버틸래?”

이런!
굳은 약속처럼
다시 나를 닥달한다

시의 촉수
그 낱낱이 무게를 빼고
끝장난 듯,
좀 더 까마득해지자
제발!

꽃무릇

그대 숨소리 지척에서 들렸어요

내 발길은 그 얼마나 바빴는지
아직 길은 하염없이 남았다 그랬나요
분명 길은 그대에게 가는 길인데
나 꽃 핀 자리가 약속한 그 자리 맞는지요
혼자 걷는 길이 외롭고 아득하니
속히 뒤따라 나서라는 당부도 들렸어요
어디쯤에서 소리쳐 불러도 봤네요
그대 숨소리는 지척에서 들리고 있는데요
평생 못 지킬 우리 약속
파도가 바위 무릎 베고 눈 감을 날 염원하듯
그대 푸른 잎에 기대어 꽃 한번 피워 봤으면
나 그대에게 가는 길 아직도 못 찾아
붉은 울음 무더기무더기 세워 둡니다

젖은 눈물자리에서 오도가도 못 합니다

갱년기

눈 내리는 겨울 산수화 같이
물기 말라 헐거워진 숲이 있다

가을이 숲에 내려올 무렵,
땡볕을 분주히 달려온 여자
병원복도 한 켠에 그림같이 앉아 있다.
방사선 냄새 가득한 방에서 엿가락처럼
구멍 숭숭난 뼈의 단면을 들여다 본 후

숲 속 봄은 깊어서 우거졌는데
새들의 지저귐이 들어차고 넘쳤다는데
무겁던 햇살 뱀 허물 벗듯 무게를 벗어내고
숲 웅덩이 마른 껍질이 침묵처럼 웅성거린다

한참 그림으로 앉았던 여자 일어서자
멈춰진 시간이 우르르 일어나고
모서리가 만져지지 않는 삶이 다시 각을 세우고
성긴 숲의 바쁜 갈무리로 저녁연기 자욱하다

푸르름이 그득했던 숲이 헐거워지기 시작하자
알뜰하던 둥지와 옹골찬 가슴을 가진 여자가
결연히 몸 추스려 훌훌 털고 안간힘 쓰는 계절

발가락에 대하여

보도블럭 위를 알짱거리는
비둘기 발가락을 무심코 본 후로
종종 걸음 멈추고 안쓰럽게 세는 버릇
발가락 하나가 잘리고 없는 놈
그나마 둘 달린 놈
드물지만 한 쪽 발가락을 다 잘리고
뒤뚱거려 애 쓰이는 녀석도 보인다
배고픈 날 서대구공단 야적장을 뒤진 모양이다
명줄만큼 질긴 나일론실에 걸렸을 것이고
올가미에 졸려 질식된 발가락이 말라서 떨어진다
작두에 잘린 할머니 집게손가락이 보인다
겨울이면 그 손가락이 시려 콧김 호호 쐬면서
손발이 성해야 벌어먹기가 수월하다는 넋두리
잠금장치에 갇혀 군말 없던 내 발가락들
곰팡내로 밀폐된 독방살이를 이젠 알겠다
밥벌이에 골몰해 손발가락 내 줄 뻔했던 일
바쁜 걸음 멈추고 비둘기 발가락을 보다가
내 손발의 품삯이 얼마나 송구스럽던지
꼼지락거리며 엎드려 경건하게 아는 체 해 본다

멍텅구리배

통통배 밧줄에 매달려
포구로부터 사정없이 끌려와
먼 바다 유배지에서 저렇게
홀로 아득한 세월을 흔들고 있는가
어둠 속에서 한 열흘
너에게 멱살잡이된 채
밀물에 쫓기다가 썰물에 붙들려
숨막히게 출렁이다 보면
파도처럼 몸으로 부딪던 울음 쏟아내
뱃속의 허기 한 올까지 풀어 내던지면
적막으로 일렁이던 몸 달빛도 퉁퉁 불었다

삶이 저렇게 포구에 목매는 일이라면
그대 밥벌이에 어깨 짓무른 가장이라서
때론 어디선가 멱살잡이 험하게 당하는가
멱살 잡힌 채 파도의 내던짐으로
온몸 다 젖은 채 지금 몹시 흔들리고 있나

화장실 속 휴대폰

투다닥 소리와 함께
손 쓸 틈도 없이 재래식 화장실로 핸드폰이 빠졌다
사사건건 물고 늘어지는 발목잡힘이 귀찮고
멱살잡이 당하는 것 같아 던져버리고 싶더니
마침내 눈치 챘는지 흔적없이 내 눈앞에서 사라졌다
이제 놓여나고자 안달한 것으로부터 자유로워졌다
잠시, 그러나 천만에,
화장실 문 앞을 나서기도 전에 허옇게 빈 내 손
순식간에 모두가 떠나가 버렸다
누군가는 애타게 찾는지 윙윙 귓바퀴를 흔든다
관계들의 실종 앞에 우두커니 패스워드를 놓쳤다
경로를 이탈한 네비게이션의 고정화면으로 굳었을까
이런 엉터리같은,
궁박하기 짝이 없는 나의 아날로그 허세
졸지에 끊긴 전자파의 금단증세를 지독하게 치룬
손아귀의 용이주도함이 낱낱이 드러난 참담함이란
하얗게 밀려오는 백지 위로 가물거리며 종문소식 된
그대 목소리

생태보고서/탁란

영화 〈집으로〉가 시작되면 뽀얀 먼지를 달고온 버스가 서고 아이가 엄마 손을 잡고 내린다 버스가 다시 섰을 땐 엄마 혼자서 떠난다 말 못하는 외할머니 곁에 떨궈진 아이' 만삭의 뻐꾸기 한 마리 몰래 오목눈이 둥지에 알을 낳는다 그 후부터 이 산 저 산뻐꾸기 울음소리가 유별나다 화끈거리던 진달래 열을 식히고 숲은 녹빛으로 가득해 어둑하다 청보리 여무는 소리 서걱일 때쑥부쟁이도 개망초도 꽃눈 만들고 코뚜레 뚫은 소 풀밭을 호령하다가 등줄따라 미끌리는 햇살 등살에 꼬리에 바람 물고 너붓이 엎드렸다 뻐꾸기 날마다 울타리 너머 먼발치서 흘깃흘깃 새끼를 부른다 새끼는 제 어미에게만 귀 기울이며 자고 일어나고 얻어먹고 태연하다다 자란 새끼 불러서 자취를 감춘 오목눈이 둥지가 이제 텅 비었다 뻐꾸기 울음소리 그치자 오목눈이 울음소리가 숲을 채운다 또 한 대의 버스가 먼지를 날리면 할머니 볼우물에 서벅한 해그름이 고인다 아직까지 소리내서 한 번 불러보지도 못했는데 귀 어둔 할머니 쭈구렁한 젖가슴 흔들며 굽은 등허리 닮은 집으로 들어간다

생태보고서/기생

비스듬한 경사각에 기대어 다닥다닥 몸 붙인 집들
가늘게 위태로운 골목이 엮은 서쪽받이 동네가 있다
햇살이 뻔질나게 드나들며 살찐 그늘을 조금씩 뽑아 간다
하지 지나서 더위가 여세를 몰아가는 초여름 저녁
이따금 순서에도 없이 은밀한 여자의 비명소리가 들린다
낡은 가로등 그늘처럼 슬그머니 이 동네에 눌러앉은 사내
제 성질이 풀릴 때까지 다 허물어지는 여자에게 약탈을 해 댄다
끈질기게 달라붙는 하지의 땡볕보다 모질고 악착스럽게
초록잎 단물 빠지듯 찰진 여자는 총기를 잃어가고 있다
야윈 여자에게서 아들 둘을 뽑아내고 올가미를 씌운 남자
꿈을 닫아건 기억 빗장 지른 침묵에 더 끈적거리는

집착

홀로서기를 역모하는 그녀의 입술에서 깨물고 있는 저 신음

뱀의 허물같이 끔찍한 사내의 노략은 집요하게 되풀이 된다

사내의 구역 안에서 그녀는 누워야하고 두들겨 맞고

가슴 벌리면 안기고 뱉어내면 나가떨어지는 수모들

원치않는 콩의 한살이에 빌붙어서 제 몸을 통째 맡기고

무임승차하는 뿌리혹박테리아의 몰염치를 본다

숙주의 생은 저항도 거부도 허락하지 않는 짝짓기라

물관 깊은 곳에 빨대를 꽂고 남의 생을 독식하는

종래 죽음이라야 끝나는 그런 관계가 있다

業

김씨는 노인요양병원 중환자실 간병인이다
이승과 저승의 경계를 안내하듯
임종의 순간 가장 가까이서 일손을 보태고 있다
어제는 2번 침대에 쏠렸던 일손을 거두어
오늘 1번 침대의 흐린 눈동자 잔영을 유심히 살핀다
저 눈동자 기어코 내일을 보리라 간절히 바라고
내일이면 또 내일을 붙들며 오늘을 버티겠지만
김씨는 벌써 알고 있다
오늘에 갇혀 내일을 놓치는 탄력을 잃은 온갖 끈들
흐린 그림자 뺏기지 않으려 안간힘 쓰는 이에게
그의 송곳같은 시선이 꽂히면 기다리던 순서인듯
가족은 불편한 어둠 벗어내듯 서둘러 장례 준비하고
김씨의 진두지휘에 힘이 실리자 고분고분 망설임 없는 손길
절실하게 붙들고 매달려 혼신을 다 한 자리에
방금 내려놓은 시간의 멈춤도 잠시 가차없이
소독약을 뿌리고 흔적 지우기에 주저함이 없다
새하얀 덮개를 씌운 침대가 그 자리에 들어오고

오늘과 내일의 경계선에 세울 순서를 골라내는
김씨는 열심을 다해 지금 밥벌이 중이다

뗀다에서 든다까지

젖을 먹는 새끼들에게 가장 무서운 건
어미가 젖을 주다가 벌떡 일어서는 것이다
입에 물고 있는 젖꼭지가 영원히 제차지
아님을 알아야 되는 때가 왔다는 것
어미는 슬슬 젖 뗄 준비를 하는 모양이고
본디 젖은 어미 것이지만 잠깐 빌려준 거라
먹어야 될 때는 무한정 퍼주다가
떼야겠다는 책임 또한 냉정해서 여지없다
정이란 의도와 달라 너무 깊어도 무섭다
마음과 다르게 제 멋대로 젖어 들 것이고
끈끈하고 찰지게 안겨 붙는 것인데
드는 것에 속수무책인 그 많던 정처들
다 어디로 갔는지 다시 돌아오지 않았다
갈 곳이 어딘지도 모르는 어린 것들에게는 청천벽력,
벌떡 일어나는 어미의 저 마음은 어떨까
입에 물고 있던 젖꼭지를 뽁 소리와 함께 뺏긴 놈도
눈치껏 물고 버티며 질질 딸려가던 놈도
화끈거리는 저 분홍 발바닥에 곧 흙물이 들 때다

열대야

극성스런 여름 밤하늘 아래
생애 육천 개의
별을 헤아리도록 허락 받아서
두 눈이 빨갛게 부풀도록 드러누웠다
벌건 불 뿜는 아침까지
풀밭을 길다랗게 뒤척이며 지새우고 있다
그 별 하나 찾을 때까지

박태진

돌의 기억

1957년 경주 출생, 계명대학교 대학원 문창과 재학중, 2008 『문장』 신인상, 2019 『시와시학』으로 등단, 시집 『물의 무늬가 바람이다』 출간, 대구예술상 수상함.

가을이다.
나도 가을이다.

이제는 나도
나를 사랑하는 사람이 되고 싶다.
고독에 비가 오면 우산 없는 사람과 함께
우산을 쓸 것이며, 석양에 물들어 외롭고 서러우면
미움도 원망도 내 것인 양 따뜻하게 용서하며
작은 행복도 소중하다는 것을 잊지 않겠다고
진실로 말할 것이다.
외로울 것이다.
그리울 것이다.
이제 사랑하면서 살 것이다.
사람 향기 나도록
향기 나는 사람이 되도록.

시시해서 시인이고 싶듯이

바다 노점

바다 한 대야씩 끌어안고 옹기종기 줄을 지은 노점
뱃대지 까만 집나간 광어, 끝까지 자연산이라 우기는 도다리
한 번씩 성질내고 물을 뿜는 오징어 데리고
세월에 찌든 물장화 고무장갑이 흥정을 한다.
바다를 버리지 못한 평생이 고동같이 쪼그리고 앉아
차가운 도마 위에 광어 한 마리 빈대떡 뒤집듯 뒤집고는
손보다 만만한 회칼로 한 칼 먹이고.
괭이갈매기 먹이 쪼듯 능숙하게 해치운다.
싸늘한 피와 내장은 아픈 기억처럼 짠물에 감추고
그렇게, 돈 받는 척 일어서며 허리 한 번 펴는데
자식 같이 멀어져가는 수평선이 자꾸만 눈에 보인다.
멀리 일렁이다 다가오는 파랑 같이

돌의 기억

침묵하지만 무수한 진실을 기억하고 있다. 돌은
풀꽃의 긴 그림자와 벌레들의 발자국, 아침 이슬과
계절의 끝서리까지 그 흔적들을

돌은 한줌 모래가 될지라도 제 기억을 발설하지 않는다, 차라리 자신을 버리고 만다. 사람들의 처절한 기억의 몸부림을 아는지 생의 그을음까지도 기록하고 기억한다. 그래서 탑이라 생각하고 돌 위에 돌 하나 얹는다.

돌의 靑史竹帛*은 바람도 비도 별빛도 달빛도 새기며 수천 년 흐름을 고스란히 기억한다,
반도체의 저장장치 오늘의 돌 하나 내일의 기억을 전수한다.

*옛날 종이가 없을 때 참대나 비단 조각에 글이나 그림을 남겼던 데서 유래한다.

빙하

수천 년 밤낮없이
얼고 또 얼어도
그 속은 얼음이 아니라 물이더라.

결국 세월 속으로 흐르고 마는
천 개의 하늘 천 개의 강물이더라.

그 푸름이 마냥
말 못하는 냉가슴인 줄 알았더니
사랑에 굶주린 한여름 소나기처럼

단 한 번의 눈길에
그냥 퍽 쏟아지고 말더라.

못내 울다가
순간에 미치고 마는 사랑이더라.

흔들리는 것은 바람이다, 아니다

그랬다 흔들리면 모두가 바람인 줄 알았고 바람이기에 흔들리는 줄 알았다 꼭지도 마르기 전에 나는 흔들리는 것을 알았다 아니 알고 말았다 봄이 오면 매화 우듬지보다 바람이 먼저 불었고, 철이 지날 때마다 몹시도 흔들렸다 그냥 지나갈 줄, 가는 줄만 알았던 바람도 사정없이 나를 흔들었다 신들린 대나무가 흔들리듯 그 대나무의 바람이 흔들리듯

그렇다 내가, 내가 아닐 때 눈먼 진실에 내일의 믿음이 송두리째 흔들릴 때 나는 안다 흔들린다고 다 바람이 아니라는 것을, 흔들리는 것이 바람이 아니라 흔드는 것이 바람이라는 것, 눈이 흔들린다고 마음도 흔들리는 것이 아니다 물 속이 흔들린다고 바람이 아니듯 한발 앞을 더듬어야 하는 더듬이의 흔들림도 바람이 아니다. 내가 바람이다. 아니다.

백담사 삼층석탑

극락보전 앞마당에 멀뚱히 서 있다 누더기 하나 걸치고 탁발하러 나온 스님 같기도 하고, 삭풍이 몰아치는 긴 세월 북간도와 연해주로 홀연히 萬行의 길에서 돌아온 만해 큰스님 같기도 한,

성한 데 하나 없는 꾀죄죄한 삼층 석탑 하나

풍상에 찌든 옥개석으로 겨우 탑 모양은 갖추었으나 그 흔한 조각 하나 없이, 화려한 상륜부는 어디로 가고, 백담사 개울 무명 돌 하나, 그냥 덩그러니 얹어있다

달이 뜨고 바람이 불어도 비우고 있다 수행하고 있다.

아버지의 손

티브이 오락프로에 있던 눈이 잠깐
옆자리 손톱을 깎고 계시는 아버지 손에 머물렀다.

별도 얼고 돌도 우는 추위와
뼛속까지 파고드는 허기에
밥을 벌었던 아버지 손이다.
쭈글쭈글 투박한데 다
손톱도 제대로 붙어 있는 것이 없다.
나무 껍데기 같다.
때로 삶에 더듬이가 끊어진 여치처럼
방향을 잃고 휘청거렸을 것이다.
다 닳은 지문에, 살갑지 못한 자식도 한 몫하였으리라.
살아온 역사가 손에 다 새겨져 있다.
밥과 올무에 흰서리가 내렸고
그나마 버석한 손톱마저도
이미 세상이 다 깎아버려
깎을 것이 별로 없다.

우리 아버지도 애기 때는
애기손이었을 텐데.

질경이

윤회병원 뒷마당
낙엽 사이로
나른한 햇살 쪼이고 있다.

집과 자식을 잃어버리고
자신까지 잃어버리고
물음 앞에 한참 말없이 머물다
보고 싶어 오래 바라보면
왠지 낯설어진다.

잃어버린 세월이지만
가끔씩 자식이 눈물과 겹치어
앙상하게 마른 질경이
멍울 맺히고

다 버린 줄 알았던 입칠
아직 턱 밑에 모질고
다 잊은 줄 알았던 막내자식

아직 손끝에 시리다.

겨울이 다가오고 있다.
상처 난 잎새 말라가고 있다.

벗 하나 있었으면

초겨울 찬바람이 가슴에 파고들면
인생도 한 해만 살다가는 들풀로 알고
귀뚜라미처럼 쓸쓸하게
나에게 기대어 주는
그런 벗 하나 있었으면

가장 슬픈 것이 가장 아름다운 것이고
가장 아픈 것이 가장 위대한 것이라고
미움과 원망을 용서라고 우기며
어깨 토닥이며 곁에 있어줄
그런 벗 하나 있었으면

일출의 여명이 아름답지만
일몰의 석양이 더 아름다울 수 있다고
시작보다 끝이 더 소중하다고
고된 삶에 향기 나는
그런 벗 하나 있었으면

세월은 흐르는 것이 아니라
쌓이는 것인 줄 알고
회포 가득 찬 술 한 잔 기울이며
저녁 강물처럼 같이 저물 수 있는
그런 벗 하나 있었으면

제주돌

제주 어디서나 발에 차이는
여물게 생기지도 않은
돌 같지 않은 돌

물 젖어도 얼룩 없이
바람 스쳐도 변함없이
때가 타도 수수한

못난 것이
버석한 것이
친구 삼고 싶은

아마도

산비탈 돌 틈 사이 민들레
티 없이 노란 얼굴이
아프리카 탄자니아 그 아이 같다.

눈으로 말하고
사진 몇 장 찍고 돌아서는데
끝까지 보고 있다.

아마도
그것이 이 세상
마지막인 줄 아는가 보다.

변희수

눈사람의 말

1963년 경남 밀양 출생, 2011년 『영남일보』, 2016년 《경향신문》신춘문예로 등단, 시집 『아무것도 아닌, 모든』 출간, 천강문학상 받음.

하루는 나라는 사람이 찾아왔다.
내가 찾아다닌다는 걸 다 아는 사람이었다.
면이 있는 사람에게
나를 들킨 게 부끄러웠지만
그 사람은 그냥
서로 웃을 수 있지 않겠느냐고 했다.
나에 대해서 전혀 모르는 사람이었으면
나에 대해서 글쎄라고 말해주는 사람이었으면 했지만
한 사람이 있고 또 한 사람이 더 있다는 게 좋아서
자주 예쁜 혓바늘이 돋았다.

입속의 일이지만 화려했다.

장미의 기분

장미를 따라 걸으면 뻗어가는 기분이 든다

한 번은 웃을 수 있을 것 같다
한 번은 할퀼 수 있을 것 같다
한 번은 불러낼 수 있을 것 같다
전적으로 전투적으로
한 번은 붉을 수 있을 것 같다

꽃잎 위에 얼굴을 얼굴 위에 꽃잎을
겹치고 겹쳐서 새빨간 장미가 되었나
상냥한 아가씨처럼
장미 가까이에 얼굴을 대어본다

넘볼 수 없는 유물로 얹혀 있는
청동의 줄기 끝

불타오르는 정오의 가시울타리

눈사람의 말

녹지 않는 것이 사람이라고 말하려다가 그만 둔다. 너는 얼음을 가졌고 나는 심장을 가졌다고 말하려다가 그만 둔다 어지럽게 뛰어다니는 저 개는 살아있다고 영혼에는 색깔이 있다고 말하려다가 그만 둔다

그만 둔 말이 하얗게 쌓이고 쌓여서 우리의 입을 틀어막아 버릴 때
드디어 한 뭉치 흰눈이 될 때

쌓이고 쌓인 말들은 어디로 던져야 하나요
처음 말문이 터진 사람처럼 펄펄펄 눈은 내리고
펄펄펄 끓어 넘치는 것이 있어서

나는 말할 줄 아는 사람입니다 나는 이 말을 던질 줄 아는 사람입니다

돌팔매를 던져도 피하지 않는 사람 앞에서
퍽퍽, 차디찬 가슴에 박히는 것은 무엇인가요?
불가능한 것을 물어보려다가
차가워졌지만

나는 잘 녹지 않으니까 어쩐지 고약한 사람 같고
희고 성스러워 보이는 사람에게 다가가

눈이 부셔서
가장 먼저 녹는 사람입니까 하고 물어보았는데
입김이 닿은 곳부터 녹아내리기 시작했다

뜨거운 침을 흘리는 개가 꼬리를 흔들었다

의자가 있는 골목

—李箱에게

아오?
의자에게는 자세가 있소
자세가 있다는 건 기억해둘 만한 일이오
의자는 무엇보다 줄기차게 기다리오
기다리면서도 기다리는 티를 내지 않소
오직 자세를 보여줄 뿐이오
어떤 기다림에도 무릎 꿇지 않소

의자는 책상처럼 편견이 없어서 참 좋소
의자와는 좀 통할 것 같소
기다리는 자세로 떠나보내는 자세로
대화는 자세만으로도 충분하오
의자 곁을 빙빙 돌기만 하는 사람과는
대화하기 힘드오 그런 사람들은 조금 불행하오
자세에 대해서 자세히 모르는 사람들이오

의자는 필요한 것이오

그런 질문들은 참 난해하오
의자를 옮겨 앉는다 해도 해결되진 않소
책상 위에는 여전히 기다리는 백지가 있소
기다리지 않는 질문들이 있소
대화할 자세로 기다리고 있는
저 의자들은 참 의젓하오

의자는 이해할 줄 아오
한 줄씩 삐걱거리는 대화를 구겨진 백지를
기다리지 않는 기다림을 이해하오
이해하지 못할 의지들을 이해하오
의자는 의자지만 참 의지가 되오
의자는 그냥 의자가 아닌 듯싶소
의자는 그냥 기다릴 뿐이오
그것으로 족하다 하오

밤이오

의자에게 또 빚지고 있소
의자 깊숙이 엉덩이를 밀어 넣소
따뜻하게 남아 있는 의자의 체온
의자가 없는 풍경은 삭막하오 못 견딜 것 같소
의자는 기다리고 있소
아직도 기다리오 계속 기다리오
기다리기만 하오

여기 한 의자가 있소
의자에 앉아서
보이지 않는 골목을 보고 있소
두렵진 않소

목소리 B

내용이 뭔데, 너는 물었다 나는 그것을 들여다보고 있고 그것을 너에게 드러내야 하고 나는 그것에서 그것으로 더 들어가서 너에게 그것에 대해서 전혀 〈아는 바 없음.〉 이 사실을 고백해야 하고 나는 계속 그것에 빠져있고 얼마간 그것에 심취되어서 그럭저럭 버티고 있고 무너지게 되면 그것은 안에서부터 한꺼번에 다 무너지게 되므로 나는 뭐가 뭔지 모르지만 뭔가 있겠지 하고 믿고 보는 사람처럼 아직 그것에 대해서는 아무 〈할 말 없음.〉 이 목소리로 목소리를 낼 수 있다면 그것을 내용이라고 말할 수 있을까

목소리 A

바닥에 떨어지면서 컵이 산산조각이 났다

배울 점이 있다
빙빙 돌려서 말하려다가 정면으로 부딪힐 때
입술을 열고 반짝이는 게 있다

남아서 계속 주의를 요하는 게 있어서
따라 해보려다가

컵보다 먼저 손목을, 어리석음을, 날카로움을
컵들은 왜
틈만 나면 둘레를

긋는다는 것은
진심을 다해 무찌른다는 것

여기 타이밍을 놓치지 않는 컵이 있다
용기에 대해서 조각조각 설명해보려다 아악!

부들부들 떨고 있는 손이 있다

그러니까 말하려는 바가 무엇입니까,
다그치기도 전에

또랑또랑한 목소리로 사라진 컵이 있어서
이 근처는 뾰족하고 위험해보이지만

분명하고 투명한
목소리가 있다

다시 깨어나고 있는 것처럼
전과 후가 확연히 다른

보라의 이해

보란 듯이
수국이 피어 있는 화단

식어버린 빨강에서 불꽃을 찾듯
보라만 보면 아픈 사람이

잉글리시 호른이나 갈대피리의 음향*을 낸다는
보라를 들여다 볼 때

핏기 없이 파랗게 질려가는 얼굴로
꽃의 형태를 이루어 보려고 할 때

보라를 병인으로 몰아붙인 이의
경솔에 대해 생각해보지만

그것은 이미 익숙해진 헛꽃들의 감정

보라는 핀다

분홍을 젖히고

보라를 혼자만 보고 있는 것처럼
남자주, 연보라, 어질머리 앓는
보라는 번지고 보라는 옮고
비로소 보라의 불치를 고백하는 사람이 되어

수국수국 머리가 굵어진 꽃밭에서
귀가 먹어가는 일

분홍 대신
앓아보는 보라의 감정

*칸딘스키, 예술에서의 정신적인 것에 대하여

면의 산책

너에게는 나에게 없는 면이 있다
나는 너의 그런 면이 좋다고 말한다

면과 면이 이렇게 만나면
하나의 공간이 되겠지
우리는 팔짱을 끼고
새로운 면을 가진 사람처럼 걷는다

밤은 어둡고 가로등은 빛난다
강을 따라 걷는 사람들이 선분으로 지나갈 때
걸어간 길을 이어보면
x 혹은 y
여기에서 거기까지 혹은
모르는 곳에서 모르는 곳으로의 산책.

어디에 도달하고 싶니 너는?

나는 아직 태어나지도 않은 점 같아서

뒤돌아서서 걸어본다

거꾸로 걸어도 오른발을 내밀면 왼발이
왼발을 내밀면 오른발이 따라왔지만

나에게는 있고 너에게는 없는 면을
나는 말하지 않았다
다른 면이 생겨날 때마다
새로운 공간이 필요한 사람처럼

산책은 언제 어디서나 쭉 이어질 것 같았다

가을숲

그것은 하나의 분명한 형식이고

마지막 첨언처럼
우리는 떨어지는 것을 보고 있다
슬로우, 슬로우, 퀵퀵
우리의 발치에 도착하는 것을 보고 있다

하고 싶은 말과 멈추고 싶은 말 사이
느린 템포로 돌아가는 입술

타오르는 말은 붉고
떨어지는 말은 노랗고

우리는 이 숲에서 몇 개의 말을 줍는다
빈나뭇가지를 올려보다가 고개를 숙인다

잠깐 묵념하는 사람이 되어볼 때

이곳은 하나의 세계관을 가진 것처럼
고요하고 고요해서
숲의 발등을 밟을 때마다
슬로우 슬로우 퀵퀵

느리게 돌아도 도착하는 말이 있어서
고전에 물들어버리는 혀가 있었다

후드티를 생각하는 계절

벽에 오래 걸어둔 옷처럼
호박오가리가 마르고 있었다
천천히 오그라들면서 다시 어떤 내색이 생기는 것

아름다워라
차라리 和色이라면,

주렴같이 얼비치는 미색들을
왕년의 색이라 할 수 있을까

점점 더 숨을 곳이 필요한 사람처럼
줄어든 마음을 펴기 위해서
비행운이 그려진 하늘을
쳐다보았다

늦저녁
마을 어귀로 후드티를 입은 사람이 지나갈 때

더 쓸쓸한 사람이 덜 쓸쓸한 사람처럼 보일 수도 있고
자루처럼 커다란 옷 속으로
들어가기 좋은 계절이라고 생각했다

꾸덕꾸덕 말라가는 것들 속에서
빼꼼이 고개를 내밀 수 있다면
그래서 어떤 짐작 같은 것이 생긴다면
내심 천천히 번져 나오는
호박색 같은 것이었으면 싶었다

그리스양식

모든 집들은 흰색이고
신들의 거주지처럼 사람들이 보이지 않았다
시작인데도 끝같은 색
유추할 수 있는 게 없다는 것
현지인처럼 검은 안경을 끼고 돌아다니다가
하얗거나 밝은 빛에 부딪혀 멍이 들었다
소경처럼 더듬더듬
오래된 글자를 찾아 읽다가
바다가 보이는 언덕에 앉아 있으면
바다가 바다를 떠올리듯
떠나온 곳이 떠올랐다가 사라졌다
너를 생각하거나
나를 생각하는 일이
신의 일 같아서 까마득했다
돌을 깎아서 마음을 만들거나
기둥을 세운다고 해도
樣式이 되지 못할 거라고
검어지지도 못하고 흰빛으로만

바래어지는 것들이 있었다
모두 볼모가 되어서 오래 눌러앉은
色이었다

사윤수

저녁이라는 옷 한 벌

1964년 경북 청도 출생, 영남대학교 철학과 졸업, 2011년 〈현대시학〉으로 등단, 시집 『파온』, 『그리고, 라는 저녁 무렵』 출간, 한국문화예술위원회, 서울문화재단 창작지원금 받음.

대파를 숭숭 썰어 넣고 주꾸미 국을 잘 끓이는, 연하의 전라도 남자를 데불고 살면 잘 사는 걸까? 사람들은 현실에게 죄를 뒤집어씌운다. 어젯밤, 벤치에 누워 있자니 저 만치 층층나무 아래서 현실이 울고 있더라. 후회는 또 얼마나 착한가. 주인보다 앞에 오는 법이 없다. 주민등록등본을 떼보면 거기에 아마 후회가 동거인으로 올라 있을 거다. 열 개의 큰 기쁨이 작은 슬픔 하나를 이기지 못할 때가 있다. 삶이라는 악기의 어느 현을 뜯은들 아프지 않으리. 덜컹거리며 날아가는 한 떨기 비행접시를 타고 별의 날갯죽지 아래서 비를 긋는다. 너희여! 고백은 반칙이라 했으니, 말로 하지 마라. 영혼의 절반은 내놓아야 그게 사랑이다.

비꽃

폭우는 허공에서 땅쪽으로 격렬히 꽃피우는 방식이다. 나는 비의 뿌리와 이파리를 본 적이 없다. 일체가 투명한 줄기들, 야위어 야위어 쏟아진다. 빗줄기는 현악기를 닮았으나 타악기 기질을 가진 수생식물이다. 꽃을 피우기 위해 비에겐 나비가 아니라 허공을 버리는 순간이 필요한 것. 하얀 꽃무릇 군락지가 있다고 치자. 그게 통째로 뒤집어져 세차게 나부끼는 장르가 폭우다. 두두두두두두 타닥타닥타닥 끊임없이 현이 끊어지는 소리, 불꽃이 메마른 가지를 거세게 태우는 소리가 거기서 들린다. 낙하의 끝에서 단 한순간 피고 지는 비꽃, 낮게 낮게 낱낱이 소멸하는 비의 꽃잎들.

그 꽃 한 아름 꺾어 화병에 꽂으려는 습관을
나는 아직 버리지 못했다.

목련

너는 사월의 폭설
송이송이 주먹만한 함박눈이 허공에 가득 떠 있는 벽화야

백 년을 한순간이라 생각하고 눈 감았다 떠봐
그럼 하얀 새떼가 점묘법으로 내려앉아 있는 것도 보여

목련은 나무에 피는 연꽃
꽃이 만발했다는 건 거기 나무 위에
목련존자 한 채가 가부좌 틀고 있는 거라네
언젠가 내가 비틀거리며 나무를 세차게 흔들어
그를 떨어지게 한 적이 있다는데
나는 기억이 없네

멀리서 보면 목련꽃 핀 나무는
그게 아주 크고 둥근 꽃 한 송이야
지난밤 누가 그 꽃의 목을 단숨에 베어 버리자

하얀 새떼가 화르르르 날아올랐어
깃을 치며 어둠 속 높이 사라져갔어

이 모든 것이 꽃 너머의 꽃 얘기
당신과 나의 짧고도 긴 해후였으니

어디쯤에서
목련존자는 투덜거리며 일어나 흙을 털고 있겠지
폭설의 꽃잎도 고요히 지고 있겠지

절절

대비사 돌확에 약수가 얼었다
파란 바가지 하나 엎어져
약수와 꽝꽝 얼어붙었다
북풍이 밤새워 예불 드릴 때
물과 바가지는 서로에게 파고 들었겠지
앞이 보이지 않는 어둠 속에서도
서로를 꽉 잡고 놓지 않았겠지
엎어져 붙었다는 건
오지 말아야 할 길을 왔다는 뜻, 그러나
부처가 와도 떼어놓을 수 없는 이 결빙의 묵언수행을
지난밤이라 부른다
내가 잃어버린 지난밤들은
어디로 가서 철 지난 외투가 되었을까
돌확이 넘치도록 부어오른 얼음장이
돌아갈 수 없는 길의 발등을 닮았다
봄이여, 한 백 년쯤 늦게 오시라
차갑고도 뜨거운 화두에 거꾸로 맺힌 저 대웅전
파란 바가지 한 채의 동안거가

절절 깊다
고요가 가슴이라면 미어터지는 중이다

그 겨울 저녁 무렵 허공에 까마귀떼가 서부렁섭적 세발랑릉흑랑릉 날아들어

섬마을 수평선에 눈썹을 걸고 있던 그 겨울 저녁 무렵, 까마귀떼가 허공에 가맣게 날아들었다. 순식간에 모였다가 나부룩 흩어지고, 싸목싸목 모였다가 순식간에 흩어지는 새떼. 흩어질 때는 누가 해바라기 씨 한 움큼씩을 휙휙 허공에 뿌리는 거 같고 모일 때는 커다란 마른 고사리덩이 같았다. 그러나 그 덩이는 식물성이라기보다 유리질로 비쳤다. 응집할 때마다 와장창창 부딪쳤기 때문이다. 다만 그것은 소리가 아니었으므로 주검들이 허공에서 후두두둑 떨어지는 법은 없었다. 일렬 편대로 비행할 때는 수백 마리 날갯짓이 허공의 살과 뼈 사이를 빠져나갔다. 그럴 때면 까마귀떼가 까무룩 보이지 않았다. 허공의 비늘만 일제히 일어섰다가 차례로 쓰러졌다.

허공에도 숨을 곳이 있을까? 아니면 까마귀들은 구름 속에 들었거나 산을 넘었을까? 그 순간 외각을 찢으며 다시 나타난 새떼, 이번엔 검은 물줄기를 뿜어 올리듯 높이 솟구치더니 초서 갈필의 붓끝으로 내리꽂는다. 오! 저게 다 문장이라면 똑같은 문장이 하나도 없어 검은색만으로도 변려체를 구사할 수 있겠구나. 그 사이에 새떼는 붓을 버리고 거대한 지느러미를 이루었다. 유유했다.

허공의 새떼는 바닷속 물고기떼처럼 날고 바닷속 물고기떼는 허공의 새떼처럼 헤엄친다. 사람이 바다를 바다라 이름 붙이고 허공을 허공이라 이름 붙였는데 허공과 바다가 같고 새와 물고기가 다르지 않았다. 저 름까매기들이 날아오민 름이 불거나 비가 올 징조인디 저거영 마농이영 보리영 뜯어먹음쪄. 팔순 노파가 구시렁거리며 어벙저벙 방으로 들어갔다.

어두워오는 허공의 끝자락까지 한사코 맺고 풀며 서부렁섭적 세발랑릉흑랑릉* 춤추는 까마귀떼. 까마귀떼가 허공을 가를 때는 허공이 비단이며 까마귀떼가 가위이고 까마귀떼가 종횡으로 나풋나풋할 때는 추월적막 흑공단 같으니, 이 비단타령은 어느 게 비단이고 어느 게 가위인지 나는 알 수 없었다. 게다가 날까지 어둑시근 다 저물어 이제 까마귀떼는 燒紙한 재를 흩뿌린 듯 가물가물했으므로, 시나브로 또 어느 게 까마귀고 어느 게 어둠인지 나는 茫漠했다.

별들이 톳여(磯)**처럼 하나 둘 돋아나기 시작했다.

*서부렁섭적 세발랑릉 흑랑릉(細髮 黑) : 판소리 「비단타령」에서 인용. 발이 아주 가늘고 얇은 비단과 검은 비단이 가볍게 움직이는 모습으로, 추월적막 흑공단도 비단임.
**썰물 때 바다 수면 위에 드러나는 바위의 윗부분.

경고문

지나친 그리움은 금물입니다

그리움 밭에 들어가지 마시오

그리움이 눈 똥은 주인이 치우시기 바랍니다

그리움에게 먹이를 던져주지 마시오

그리움에게 3m 이상 접근금지

그리움은 수심이 매우 깊으니 들어가서 헤엄치지 마시오

구명복은 좌석 밑에 없습니다

그리움을 우회하시오

저녁이라는 옷 한 벌

누구에게나 옷 한 벌이 있다
모양과 색깔이 없는 옷
눈에 보이지 않고 벗을 수 없는 옷
잘 때도 입고 자는 저녁이라는 옷
이것은 인류의 오랜 풍습인데
어느 날 누군가가 갑자기 영원히 잠들더라도
저녁이라는 옷 한 벌은 이미 늘 입고 있어서
금세 어두워지기 쉽다

밤이란,
옷이 필요 없는 곳으로 떠나는 사람들이
生의 문지방에 저마다 벗어놓고 간
저녁이라는 옷들이 쌓인 현상이다
그때 슬픔이 옷더미 벽에 자꾸 머리를 찧으며 부딪
쳐
이쪽이 한동안 캄캄해지는 일이다

남는 사람과 떠나는 사람 사이에 옷이 있다

옷을 건너간 사람은 다시 옷을 건너올 수 없고
옷을 붙들며 남겨진 사람은 옷을 건너갈 수 없다
불이 서둘러 옷을 태워버리기 때문이다
서로 헤어지거나 멀어질 때
손이나 발보다 옷자락을 붙잡고 우는 풍습도
그래서 생긴 것

시간의 뜨개실로 짠 옷을 입고 있는
한 사람 한 사람이 하나하나의 작은 저녁이다
이겨도 져야 하는 노을처럼
어두워지면 저녁이라는 접두사가 붙지 않는 것이 없다

저녁은 단벌신사

내가 고등학교 다닐 때 교장선생님은 낡은 양복 한 벌만 입고 다니셨지 우리가 단벌신사라고 놀리면 교장선생님은, 때 묻은 것이 권위 있다며 찡긋찡긋 웃곤 하셨네

진부하면서도 유서 깊은
이 저녁의 권위는 어디에서 왔을까
오래되기로는 저녁만한 것이 없고
때묻은 것이야 둘째가라면 서러울 저녁이 많았으니
저녁도 단벌신사,
저녁이 단벌신사라면 그 구두도 나달나달 닳고 구멍 났겠지

유구한 저녁의 힘은 그렇게
눌어붙은 다리미 자국과
기울고 구멍난 저녁의 구두 뒤축에서 오는지도 모를 일,
밤수지맨드라미 빛 노을 위로

새들도 단벌로 날아가고
먼 길 걸어온 사람들은
팥 앙금처럼 쌓이는 어둠 속에 두 발의 뿌리를 내린
다

씻고 벗고라는 말
하나뿐인, 한 벌뿐이라는 뜻,
씻고 벗고라는 간결함이
얼갈이 열무김치 맛처럼 좋아라
열 벌 스무 벌보다 단벌이 권위 있어
도둑도 단벌은 훔쳐가지 않네
오래되고 때 묻어서 더 빛나는 단추들
그 별자리 이름을 불멸의 저녁이라 하자

겨자씨가 웃다

10^8이 억이다 여기까지 가져본 적 있다
10^{12}을 조라 하고 10^{16}을 경이라 하는데
여기까지 들어본 적 있다
10^{20}을 해라 한다 해는 처음 듣는 말
하늘의 해도 아니고 땅의 돼지도 아니고
이제부터 어떻게 가는지 몰라
삐뚤빼뚤 눈감고 길을 잃는다
어디쯤에서 어긋났는지 누가 먼저 손을 놓았는지
눈 뜨고 헤맨다
돌아갈 수 없고 돌이킬 수 없는
10^{48} 극에 달해 10^{52} 항하사
그 아득한 모래벌판에 빈 몸을 누인다

안다는 건 무얼 안다는 걸까
10^{64} 불가사의 위로
불가사리 한 마리 지나가는 뜻을 안다는 말일까
10^{68} 무량대수가 묵묵부답 먼 산이다
겁(劫)이 고개를 갸우뚱한다

천지가 한번 개벽한 뒤부터 다음 개벽할 때까지의 시간,
사방 사십 리 크기 성에 겨자씨를 가득 채운 뒤
백 년마다 한 알씩 꺼내 마지막까지 다 꺼내도
아직 일 겁이 지나지 않는다는데
나는 넘어질 때마다 겁을 먹고 식겁(十劫)했다 한다

어기야 우는구나 내가
내 발등을 내가 찧어요
도끼는 두고 나를 버렸으나
단추 주워 양복 맞추니
식겁하고도 또 사랑해요
겨자씨가 웃는다 웃어요

그런데, 그런데 곧 죽어도 질문 하나
그 겨자씨 말예요
겨자씨는 누가 마지막까지 꺼내요?

청자상감매죽유문장진주명매병의 木牘

그날 밤 소쩍새 소리에 처음 눈을 떴습니다 검은 허공이 실핏줄로 금이 가 있었습니다 사깃가마 속 사흘 밤낮 회돌이치는 불바람이 나를 만들었지요 흙이던 때를 잊고 또 잊어라 했습니다 별을 토하듯 우는 소쩍새도 그렇게 득음하였을까요 나는 홀로 남겨지고, 돌아보니 저만치 瓷器 파편 산산이 푸른 안개처럼 쌓여 있었습니다

모서리에 기러기 매듭 끈이 달린 국화칠색단 남분홍 보자기가 나를 데려갔습니다 다포 겹처마 팔작지붕 아래 슬기둥 덩뜰당뜰 당다짓도로 당다둥 뜰당* 거문고 소리 깊은 집이었습니다 달빛 애애한 밤 오동 잎사귀 워석버석 뒤척이면 나는 남몰래 사수 겹머리사위체 춤을 추곤 했지요 대숲에 댑바람 눈설레 치고 지고 내 몸에 아로새겨진 버드나무에도 당초호접무늬 봄이 수백 번 오갔습니다

여기는 커다란 하나의 무덤 그 속에 작은 유리무덤

들, 이제 나는 침침한 불빛에 갇혀 있습니다 내가 죽은 것인지 산 것인지 나도 모르는데 날마다 많은 사람들 들어와 나를 쳐다봅니다 밖에는 복사꽃 붉은 비처럼 어지러이 떨어지는지** 전해주는 이 아무도 없고 그 사이로 천 년의 강물 흘러갑니다 때로는 내가 흙이던 날의 기억 아슴아슴 젖어옵니다 누가 이곳에 대신 있어준다면 나는 잠시 꿈엔 듯 다녀오고 싶건만 아, 그 소쩍새는 아직 울고 있을까요

*슬기둥 덩뜰덩뜰 당다짓도로 당다둥 뜰당—어느 책에서 빌림.
**매병에 새겨진 시문 「장진주(將進酒)」 가운데 '挑花亂落如紅雨'.

북풍

아무도 보지 못했네, 북풍의 검은 입을, 어디로 삼켰을까 눈조차 없는 바람의 뱃속에서 사막이 뒤집히는 소리 짐승들 쫓기며 달리는 소리, 어제는 코끼리 떼를 잡아먹고 오늘은 산짐승을 꺾어 먹고, 저 잡식성 바람의 이빨에 끼여 울부짖는 짐승들, 세상의 배고픈 것들은 입이 없고 배만 있어, 먹어도 먹어도 배고픈 북풍의 뱃가죽이 말라붙었네, 잠든 간판을 부숴 먹고 현수막까지 찢어먹고 그것들 내장이 덜렁덜렁 펄럭펄럭 흘러나와 만장 나부끼는 소리 너는 어디에 있느냐고, 내 머리끄덩이를 잡고 끌어내려나 긴긴 밤 창문을 때리며 뒤흔드는, 작은 섬에도 북쪽이 있네, 북쪽은 크고 북쪽은 대문이 없고 아무도 없고, 무법천지네 촛불이 꺼지네

신윤자

놋그릇 명상

1957년 충남 논산에서 출생, 2011년 《심상》 신인상으로 등단, 사화집 『13시』, 『내 우편함은 속이 붉다』 등 출간, 심상시인회 회원.

바람 한 줌도 내 것일게 없는
생의 긴 행간에
크고 작은 의미로 잠시 머물다 가는
길손, 가여운

곧 서리꽃이 피겠다

발우를 말하다

낡아 풀리는 바짓단 같은
시절의 발우는
마른 걸레로 잘 닦아 뒤집어 놓으면
수유기 여자의 젖무덤 같다
생전 수식 없는 절제에도
게으름 때문이라며
당신은 가난을 이야기하셨지만
옻칠장단 시아버님 삶은
나이테 속 나르는 흰배추나비처럼
한생의 발걸음은 가벼우셨겠다
지난한 수행의 진리인
저 발우
중심을 비워서 그릇이 되는 이치가
오늘도 내 소박한 일상에 얹혀
수유를 잃고 너부러진
오염의 주범들을
걱정스레 노려보고 있다

놋그릇 명상

산화된 슬픔이
물간 囚依와 다르지 않아
쪼개지는 기왓장 가루로
친정어머니 제수 준비는 봉분 수만큼
닦는 놋그릇이 먼저다

그 곁 깨금발 든 막자팔방놀이
오금저린 종아리 쪼그리고 앉아
하나, 둘, 셋 코 끝에 바르는 침

지푸라기 돌돌 말아 닦으면
어머니 손바닥엔 설움 같은 맨드라미
장독대 건너온 진통의 빛깔이
그릇 표면에 줄 세워 쏟아진다

반생의 게으름까지 말끔해져서
삶은 등짐이 아니라

무거운 나이테라는 걸 깨닫기까지
귀중함을 모르고 산 나는
얼마나 많은 걸 잃었을까

닦고 또 닦는 면경 위에서
닭 벼슬처럼 일어서는
멍울진 어머니 삶 같은 붉은 언어들

하지 지나 여름비 그치고

울음소리는 달을 두고 들렸다는데
진원지는 침산남로 무더위쉼터 안쪽이라 했다
가끔은 어미가 왔다 가는지
시끄럽다는 말만 마른 틀니 사이로 새어나오고
누구도 거들떠보지 않았다는 야윈 울음소리
하지 지나고 여름비 그친 다음날
열외의 인생처럼 뻗대 살던 큰딸애가
수직의 담장을 곡예로 넘어
웅덩이에 빠져 있는 새끼고양이를 구한 일은
응급이었을 뿐,
하얀 절단마저 야생에서는 얼마 살지 못한다는 최후통첩
득달같이 들고 와 키울 수 없느냐고 내게 묻는 거였다
나는 두 애견과 불혹이 되가는 딸애가 안쓰러워
털 알레르기 때문만이 아닌 거절도
내 퇴적의 아픔자리 새삼 도질 우울 같아
장마가 온다는 일기예보만 툭툭, 치대고 있었다
자고새면 요철처럼 불거지는 천인공노할 현 세태를

물정모르고 나대는 짐승에게도 파급이 되었나보다
고
긴 숨만 울화처럼 내뱉는 반공일 아침
밤새 노인정을 지키던 가로등도
졸린 눈 허옇게 뜨고 미동 없이 서 있기만 했다

그래도 가시

동절기 탓이라는 말은 냉담한 변명
지난해 가뭄에 꽃집 앞에서 거둔
꽃이면서 야박하게 버려진 미니장미
여름 한철 쏠쏠한 꽃봉오리
보답처럼 다투어 피더니
올해는 잎도 없이 부황 든 달랑, 다섯 송이
키 재기도 모르는 밋밋한 모양새로 피었다
내친자식처럼 지고 만다
혹한의 시련에 무방비 방조가 화근
노숙의 생일수록 온기와 관심이 필요했다는 걸
나는 서리 맞은 갱년기처럼 잊었다
동상 든 빈혈의 가지
이제라도 말끔히 정리해 주면
혹, 푸른 잎 돋을까
가지 꺾다 가시에 찔렸다
깡마른 가지의 깡, 그래도 가시라고
내 무심을 나무라는 거였다

분갈이 밑거름 처치로 푸른 피돌기일지
지금은 지극한 관망이 필요한 때

하늘주차장

아날로그 주차장에 CCTV를 달 이유가 없다

수동기어를 단 차는 오르기에 급급, 시멘트 통로로 하늘 오르는 나는 스릴극의 주인공이 된다

천 냥만을 고집했던 소박했던 삶들은 엑스트라 빌딩 천정을 이고 있어, 헤집는 구멍 경계에서 철조망은 방치 된다. 호기심 번들거리는 눈동자는 윙윙거리는 굉음을 좇아 가속페달에 발을 얹는다

철거된 집 갈 데 없는 고양이 은비의 야옹거림, 비둘기 날개 무덤 부러진 벽화, 머리채 휘감는 쇠비름 손바닥, 마른 비명들이 하나씩 자동차 엘리베이터에서 살아나고 있었다

당신의 아날로그 주차장에서 나는
콩알만 한 간을 진단해야 한다

신중하고 빠른 동작으로 단역을 마친 당신은 “두 번의 스릴극은 더 이상 즐기고 싶지 않음”이라고 중얼거리겠지

여름 습도로 구겨지는
꼬리 없는 구름 팻말에 이르러
나는, 간신히 하늘 주차장에 오른 듯
하늘이 CCTV 렌즈인 듯
양손 번쩍 치켜들고야 만다

아직은 유효

이제라도 젖물이 흐르다니

760여 년 전 하늘 아래 첫 감나무는
탄생 년수보다 많은 종주먹 같은 열매
주홍등으로 밝혀 지키는
감골 수문장이다

지상의 모든 열매는 하늘바라기의 새순이였을 터

처음부터였을까요 몸빛 붉음이, 내 뜻인 양 반세기를 훌쩍 넘기고도 저승점 없는 민낯의 꼿꼿한 의지라니요, 손 모아 접붙인 고욤나무 떫은 응석도 결코 녹녹치만은 않았어요. 머리에 닿는 가슴이 고집스럽게 일어서는 정염 같은 불기둥의 추단이였다면 혈관 풀어 곁가지까지 온전히 수혈시킨 당찬 성숙, 속살마저 틈새 없는 단물이기를 뒷등에 젖듯 내려앉는 달빛과의 온화한 소통 또한 내 수줍은 염원이기도 했어요. 땅으로만 조아려 여무는 다소곳한 몸짓도 절반의 회유에 감사하

는 화답이라 해도 이제는 다그치지 않을 것입니다

진상품의 가치는
살 찢기지 않을 다부진 매무새라는 듯

아직도 유효한 젖 물 돌려

제철의 정점에서
넘치듯 불끈거리는 다산의 증표
흥건하게 풀어 놓은 수문장을
상주 첫걸음에서 나는

기차게 보고 또 보았다

꽃

타들어가는 밭고랑 뒤엎고
다시 심은 씨앗마저
작황의 기별이 늦다는 가뭄 때

베란다에 팽개쳐둔 화분의 어린 순들
깡마른 토양에서도 생명력은 잃지 않았나보다
목마름에 강력한 항거처럼
명주실 같은 줄기 뻗어 꽃 피웠다

피 토하는 간절함이
먼저라고 말하고 싶은 듯
초록잎조차 내밀지 못하고
기다림으로 늘어진 그 끝 자리매김은

내 관심으로 다스리는 일도
네 꽃피워 눈길 거두는 일도

처음의 쓰임은 두 번으로의 익숙한 몸짓 아니겠는가

이음선 없는 바람의 폭에
한풀이처럼 풀어놓은
타들어 가는 속내의 반전 같기만 한
꽃

가뭄 허공을 붉은 앙탈로 움켜쥐고 있다

청소기를 돌리다가

징검다리 절기로 대한 지나니
냉기의 기승이 조금은 숙진 듯해
뒷담화하듯 모퉁이로만 몰려 있는 삶의 찌꺼기들
뱃심 넉넉한 청소기의 통뼈로 귀속시킨다

귀속시킨다는 건
'속하여 그의 소유가 되다'라는 뜻이라는데
귀속,하다 보니
귓속,이라 해도 그럴듯할 것 같아
지난해 땡 처리된
난전 같았던 돋움발로의 비탈진 열망들

상처는 더 큰 능력을 숙성시키는 사명인 거라

끝과 맞물리는 시작은 언제나
새로움이라는 고리의 톱니임에
삶의 명징 켜켜이 소망층으로 되다지듯
윙윙, 낡은 청소기 소음도 왠지

원원으로 귀속이어야 할 것 같아지는 걸 보니

덕지덕지 말라버린 허접의 앙금들
말끔히 비워낸 내 통뼈 달팽이관에게도
긍정적 봄이
파랑파랑 꽃장단으로 오려나 보다

여름새가 내게 왔었다

지난 가뭄에 수돗가로 날아온 새
얕은 인기척에도 콩알 간 날갯짓이다
수직의 허공에 걸린 전깃줄에는
줄타기 곡예로 동행한 짝지
안위를 걱정하는 신호음도 경쾌한 여름은 그렇게
군더더기 없이 매끈한 지지배를 취하고 있었다
말로서 뜻 되지 못할 약도 아닌 믿음의 허실보다는
삼켜 삭인 말의 탈 없이 위로인 것처럼
허공이 건네는 묵음 부호를
나만 아는 문장으로 하늘을 들이는 아침
입지 견고한 삼복 가장자리를 돌아
소신 곧게 건네 오는 바람의 올
내 다문 입술에 마른 살 적시듯
마음도 곧장 설레이게 하는 상서로운 조짐은
갈색꽁지깃 매끈한 벨벳 빛 입성으로
 지지배 지지배
뜬금없이, 여름새가 내게 왔을 때부터였다

영구치를 분양하다

어르고 달래느라 상처 생긴 내 손바닥은
가시 없는 가슴 안쪽 푸른 혈자리에서
콩당콩당, 봄 편지 같은 그의 심장소리를 듣는다

날 세워 살던 내 생의 어눌함 이제 그를 쓰다듬는다

내 손금 운명선에서
마그네틱 카드처럼 납작 엎드리는 고슴도치

경계 없는 여백을 충전시키려는 듯
입 없는 보폭으로 눈뜨는 수직 햇살

가시 몸 토닥이며 새벽 창틀에 걸린다

윤순희

자귀나무 사랑

1963년 경남 합천 출생, 2012년 고려대학교 인문정보 대학원 졸업, 2011년 《경상일보》 신춘문예로 등단.

한동안 시를 떠나 있었다.

잊혀진 시심 꾹꾹 눌러 두었더니 상처로 곪아 올랐다.

몸 속 장기 하나 들어내고, 한 두 달은 병원 신세를 지기도 하면서 솟아 오른 것들.

죽어서도 부릅뜬 생선의 눈알처럼 시는 그렇게 내 속에 살아 있었다.

꽃등을 켜다

매화 어린망울이 칼바람 눈꽃 속에서 부풀어 오를 때까지 기다렸다 너는 꽃보다 먼저 왔으나 너무 긴 여행을 한 탓에 꽃을 피우지 못하였다 너무 빨리 죽은 이를 위해 나비 문상객들 다녀갔다 밀려든 빚쟁이들 벌보다 독한 침 하나씩 가지고 왔다 내 돈만큼은 내 돈만큼은 하소연에 미망인은 남은 잎마저 떨구었다

싸리꽃이 좋다던 너 다섯 해 동안 보랏빛 싸리비로 쓸어 모았던 원단 어디에 펼쳐놓았을까 화려한 꽃무늬 누구에게 찍어놓았을까 절박한 바람 맞아떨어져 췌장암진단 한 달 만에 너는 가고 유일하게 남은 보험금 몇 송이 꽃을 더 피울 수 있을까

살아서 제대로 피우지 못한 꽃 죽어서야 이렇게 환한 삼월의 꽃등을 켜 놓았구나

얼룩남자

바래봉 오를 때 네가 사준 장갑 산 탈 때마다 든든하여 주머니 채 빨았더니 노란 점퍼 발갛게 물든 자국 엊그제 밤 가위눌렸을 때 다독거려주던 손길만큼 선명하다

그을린 머리 부서진 차 연유 물으니 다슬기 주우러 가다 마누라 꿈 땜 내가 했지 마누라 다치는 것 보다 나 다치는 게 낫지 하며 웃는다 그 얼굴에 핀 미소 바래봉 철쭉보다 환하다

눈 아픈 데는 다슬기가 최고지 아직 차가운 오월의 물 속 수십 번 더 굽혔다 폈을 그의 허리 불어서 곱아드는 손 하나하나 주워 올린 것은 별 더디게 오는 사랑 나는 오래도록 별을 갖고 싶었지

씻어내고 또 씻어 해금 토해내는 다슬기 비워낼 거다 비워낸 나선형의 사랑 푸른 몸짓 그의 더듬이가 밤새 잘그락거린다 너에겐 이렇게 쌉쌀하고 탱글탱글한

사랑만 줄게

네 손등에 떨어진 용접불똥자국들 계절이 다가도록 떨어지고 또 떨어져 얼룩되었지 그 지울 수 없는 얼룩 속에 또 새롭게 떨어지는 별을 보며 나는 너의 달룩이로 살지

산이 엄마

배를 타고 와도 비행기를 타고 와도
잘 보여주지 않는다는 민낯을
내게는 종종 보여 주었다
복을 짓지 않으면 잘 볼 수 없다는
그녀의 민낯을 그윽히 바라본다
뾰죽하거나 우뚝하지 않은 품새
작은 섬 하나 싸안은 품새
결 고운 머리칼 아름드리 새소리 물소리 깊다
그녀의 가슴팍 위를 달리는 노루의 눈망울
엄마의 젖꼭지처럼 말갛다
머리에 흰 수건 쓴 채 동동거리는 발걸음
저자거리 맴돌며 행상으로 굳은 두루뭉술한 할망의 몸매다
뱀 한 마리 불쑥, 소스라치게 놀라 달아나지만
목에다 큰 구렁이 걸어주었다던 내 태몽과 꼭 닮았다
흰 수건 속에 가려진 사연들
다 쏟아내지 못할 때면

몇 날 몇 일간 울어대던 청상의 엄마처럼
그녀 또한 많은 비를 뿌려대었다
먼 바다 건너 온 바람소리
돌담을 통과한 바람소리
천년의 소리들 두런두런 살아있다
병상에 누운 지 다섯 해 동안 말하지 못한 소리들
그런 엄마의 소리들이 그녀의 발치에 살아 있다
나는 오늘도 그녀를 만나러 설레이며 비행기를 탄다
한라산이 내 엄마다

땅콩 普施

감자 심고 남은 고랑에 땅콩 심었다 씨알 굵고 통통한 것이 빛깔까지 붉어 아껴 종자로 남겨둔 것들 고랑 따라 두 세 알씩 정성껏 심었다 한두 알쯤 싹트지 못하더라도 나머지 한 알은 살 것임으로

땅콩 덩치 몇 배나 되는 감자 싹 틀 때까지 그 싹 터서 한 소큼 자랄 때까지 땅콩 순 트지 않았다 검은 비닐이불 덮은 밭고랑 가만가만 더듬어 보아도 순은 더디게 오는 계절처럼 감감하였다 비닐이불 살짝 들춰 보았더니 땅콩 심은 자리마다 뻥 뚫린 구멍뿐이다 두더지 드나든 흔적 어쩌면 이리도 알뜰히 빼먹을까

녀석에게도 가족 있었을까 녀석도 어버이이고 가장이었을까 두더지에게도 발 있어 밭둑으로 걸어 나와 목탁 치고 요령 흔들었으면 심던 땅콩 바가지 채 부어 주었을 텐데

남은 고랑이나마 순 터 클로버 같은 어린 잎 밭고랑

마다 고사리 같은 손 펼치고 있으니 땅콩 영글어 갈 무렵 가을 운동회에는 아들 녀석 손잡고 두더지처럼 재바르게 뛰어봐야지

팔공산 진불암

치산계곡 휘감아 흐르는 물소리 경전 삼아 들으면서 가라
삼단폭포 물소리 前生을 지나 今生 來生까지 이어지리
키 큰 소나무 몇 백 년쯤 지켜보고 있어도 좋으리

생의 절정 쯤 이르렀을 때 붉은 철제 다리 출렁이며 건너라
산새소리 함께 오르다보면 너럭바위 병풍처럼 버티고 있지
'나무아미타불' 묵언정진 새겨져 있지

물소리마저 아득해질 때쯤
열반하신 스님들 목소리 부도탑 안에서 들리지
팔 다리 떨어져 나간 불상 예가 극락세계인 듯 뒹굴고 계시지

비로봉 아래 하늘이 열리는 자그마한 암자

삼색 나물 비빔밥 구름에 비벼 먹으며
매운 연기 눈물바람 해도
석조약사여래입상 저만치서 빙긋이 웃고 계시지

눈길 위 첫 발자국 찍으며 왔다고
꽁꽁 언 개울 몇 개씩 건너왔다고
팔공산 가장 높은 봉우리에서 내려다보시지
따뜻한 햇살 옷자락마다 출렁이시지

누구든 이품에 쉬었다 가라고
따신 밥 한 그릇
뜨거운 차 한 잔 선뜻 내어주시는
주지스님의 미소 군불처럼 따습지

어떤 사랑법

냉장실 문을 열면 오래 젖 굶은 자를 위한 우유, 어미 가슴 뽀얗게 풀었으니 성장 호르몬 쑥쑥 자라야지. 아직 날개 달지 못한 것들 뽀얗고 노란 풍선 부풀리는 계란, 서늘한 비행 꿈꾸고 있니. 껍질 팡팡 터트릴 때 날아봐야지. 생수 천연 암반수, 바위틈 비집고 솟았으니 바위라도 뚫어봐야지. 칼바람 눈보라 속 가장 먼저 꽃 피워 열매 맺은 매실엑기스, 손길 한번 닿으면 어떤 막힘 급체도 봄눈 녹듯 삭아지리라. 들녘 가득 채우던 종소리, 깨꽃들 하얗게 쏟아지는 깨소금처럼 고소한 사랑. 포도의 과육처럼 단맛 나는 사랑. 거름구덩이 툭 던져 놓아도 환한 꽃 피워 복덩어리 달아내는 호박, 애호박 누런 호박 이파리마저 버릴 거 하나 없는 사랑.

냉동실 문을 열면 먼 바다 헤엄쳐 온 것들, 아직 물살 그러잡고 있는 미역 해초 제 몸 부풀리고. 짭짤받게 살라는 간고등어 한 손. 울릉도 명이처럼 질기게 살라고. 얼었다 녹으며 긴 호흡 가다듬는 북어 한 마리. 오래 자그락거린 콩, 탁탁 어디로 튈지 모르는 마음 추스러 또 한 생의 쇠고기 되어야지. 삶의 어떤 재료도 돌돌 말아 싸안을 수 있는 김, 구우면 사뿐히 출렁이며 네게 다시 펼쳐놓을 수 있는 바다이어야지.

이 많은 생 다 싸안느라고 냉장고 아직 잠들지 못한 채, 밤새 뜨거운 열기 아래로 아래로 뿜어내고 있다.

자귀나무 사랑

벌써 인간이 된 곰 한 마리와 아직 덜 떨어진 호랑이 한 마리 삼십 년째 으르렁대며 살고 있지. 화산재로 길러낸 의성마늘 우두둑 씹고 있지. 금성산 불씨 하나 삼켰는지 날마다 쇳덩이에 불붙이지. 푸른 불꽃에서 떨어지는 붉은 쇳가루 맨손으로 맞으며, 세상에서 가장 뜨거운 손되었지. 공룡처럼 큰 덩치 쿵쿵 화석 발자국 찍으며 하루에도 수십 수백 개의 책상다리 구워내지.

아빠다리 책상다리 곰, 난초꽃 웅담처럼 잘 키우지. 곰의 가슴 빵빵하여 잎 넓고 튼실한 단엽이었다가, 뱀처럼 차가운 사피이었다가, 아이들의 복을 싣고 달리는 수레인 복륜이었다가, 하루에도 몇 번씩 마음 써보내는 서이었다가, 자다가도 몇 번씩 새끼들 이름 불러보는 호이었다가, 소심 백화 적화 홍화 황화 여러 빛깔의 꽃 피우고 있지. 곰의 기개 난잎처럼 푸르고 꿋꿋하지. 곰은 하늘처럼 드높은 이상으로 살지.

세 마리 새끼 낳고 기르면서도 아직 덜 떨어진 호랑

이, 알록달록 여러 빛깔 인간의 옷 바꿔가며 입어봤으나 인간이 되진 못하였지. 인간이 되는 일이란 가늘고 작은 뿌리 하나 잉태하는 일. 그녀 스스로 봄 땅의 쑥이 되어 첫 풀이 되어 겨우내 굶은 토끼들에게도, 아이들에게도, 벌써 인간이 된 곰에게도 쑥쑥 자라나는 풀이 되었지. 아직 인간이 되지 못한 호랑이, 다지고 또 다져 곰의 땅이 되었지. 벌써 인간이 된 곰, 하늘처럼 떠받들고 살지.

부드럽고 화사한 분홍빛 왕관 머리에 쓴 채, 서로를 끌어안으며 그 푸른 잎들 움츠렸다 폈다 반복하며 살지.

새 신부를 들이다

너는 사각 가마 타고 하얀 너울 쓰고 왔지. 너의 발 뽀얗게 불어 버선 쉬이 벗겨지지 않았지. 네 혼수는 황금들판 몇 마지기, 윤기 나는 쌀 몇 포대기, 살찐 메뚜기 폴짝이며 너를 따라 왔지. 네 뽀얀 얼굴에 강낭콩 연지곤지 찍어주며, 오래 같이 살자고 찹쌀 넉넉히 불려 두었지. 냉동실 칸칸 오곡곡식 쟁여두었지.

저문 들녘 홀로 남겨진 아비의 눈, 내몽고 황사바람 아니어도 자주 따끔거렸을 것이다. 구부정한 허리 갈대 눈썹 하얗게 날리며 아비는 너를 배웅했을 것이다. 늘 제자리만 맴도는 아비는, 지난여름 씌워 준 밀짚모자 아직 쓰고 있을 것이다. 참새 몇 마리 바람 몇 점에 네 소식 들으며 노을 붉어질 것이다. 첫눈 차곡차곡 쌓여 갈 것이다.

들판의 딸인 너는 첫새벽 들녘 한 귀퉁이 베어다 눈처럼 뽀얀 쌀 씻고 또 씻어 불려둔 찹쌀 찰떡궁합 어우러진다. 아버지 수수밭 붉은 눈물 거두세요. 샛노란 차

조마음 보이시죠. 밤톨 같은 아이들 잘 키워 팥처럼 선명한 밤콩처럼 구수한 오곡 무지개 피우며 살게요. 들판 오래 지키셨던 아버지, 이젠 제가 대신 더운 혼 지필게요.

찹쌀 수수 차조 콩 밤 오색 무지개 피어나는 새 신부의 증기기관차, 칙칙 뜨거운 압력 내뿜으며 생의 먼 길 향한 첫발 뽀얗게 내디뎠다.

목련 연등

꽃물이 번지는 속도로 너는 내게 왔다 온몸 휘감은 용 네 마리나 번득여도 나는 두렵지 않았다 한 마리라도 어서 여의주 물기를 바랄 뿐이었다 문신자국을 너는 운명이라 했지만 그건 바람의 창틀을 들락거린 흔적일 뿐 너는 아침 싸리비 쓸고 간 자국처럼 선명하였다 돌돌 말아놓은 원단처럼 야무졌고 펼쳐놓은 꽃무늬처럼 결 고왔다 조금만 받쳐주면 잘 날아 오를 것 같았다 컨테이너 가득 원단이 쌓였을 때 너는 새처럼 높이 차올랐다 고랭지 배추 밭 가득 함백의 하늘 심어놓고 남해바다 푸른 일렁임으로 차올랐다

부처님 전에도 네가 찌른 영혼에게도 빌었다 영 떠났거나 바스라져 가는 너의 친구들 마음 다잡은 너를 그만 용서하라고 너의 귀국이 늦어질 때마다 비단길처럼 풀리기를 빌었다 넉 달 만에 너는 여의주 하나 물지 못한 채 승천했다 마흔 네 살의 나이로

너는 내 부채에 대해 함구했고 내 배려에 대해서도

함구했지만 목련꽃 뽀얀 연등을 켜고 지장보살님 전에
너의 천도를 빌고 있다 수천 수만의 꽃잎들 피어난다

팔거천 연가

여름밤 내내 팔거천변 돌고 또 돌았습니다 아직 물고기 펄떡이는 물 속 물새알 낳기도 하는 풀숲 달맞이꽃 지천으로 피어 십 수년째 오르지 않는 집값 펴지기를 깨금발로 기다리지만 대학병원 들어서면 3호선 개통되면 국우터널 무료화되면 하는 황소개구리 울음 텅텅 울리는 탁상행정 뿐입니다

풀숲에서 주운 새들의 알 희고 딱딱한 것들 날마다 수성구를 향하여 샷을 날려 보내지만 죽은 알들은 금호강을 건너지 못하고 팔달교 교각 맞고 튕겨져 나옵니다 겨울이 오기 전에 강을 건너지 못하면 저 물새들 살얼음 낀 물속에서 언 발 교대로 들어 올렸다 내릴 텐데 환하게 타오르던 정월대보름 달집태우기의 불빛 온기는 어디까지 번져 갈 것인지요

물새들의 울음소리 팔거천 가득 울려 퍼지는 날 낮달 같은 새댁들 강변 가득 붉은 나팔 불며 여덟 갈래 꿈꾸며 비상하겠지요

윤은희

현대사 전당포의 비밀

1959년 경북 경주 출생. 대구계명대학교 일반대학원 영어영문학과 졸업. 2009년 《무등일보》 신춘문예, 2011년 『시와세계』로 등단. 시집 『아르정탱 엿보다』 출간.

시인의 철학은 언어철학이다. 언어는 결국 시인의 숙명적인 전쟁터가 된다. 글쓰기는 사물에 대한 직관과 감정에 빛을 주고 색을 입히는 에너지를 요구한다. 특히 글을 쓰기 시작한 초기에는 '호흡이 긴 시'를 쓰고자 노력하였고, "뼛속까지 내려가서 써야"한다는 중압감이 마음속에 큰 돌처럼 자리잡은 지 오래이다.

말하자면 글쓰기에 있어서는 한 편의 시가 완성되기까지 자신을 삭정(削正)하라는 내적 언명에 힘입은 결과이다. 그러한 주제어에 대한 가치 깊은 천착(穿鑿)이다.

현대사회의 겉과 속을 꿰뚫어보는 문명비평적 시선이 시적 원천이 되고 있는 것이다. 시인에게서 글읽기와 글쓰기는 동일한 등가를 가진 가치있는 일이다. 글쓰기는 '혼자 놀기의 진수' 그 경지에 머무르게 되는 것이다.

“오셀로의 사랑은……”

귀 먹고 눈 먼 것이 사랑이라
뱀 같고, 쥐 같고, 여우 같은 이아고의 혀끝에서 춤추는
지독한 패러독스

데스데모나, **“죽이고 사랑하리라”***

오셀로의 사랑은
악의 옆구리에서 검은 피를 흘렸다

* 『오셀로』 5막 2장

현대사 전당포의 비밀

21세기 전당포는 만원이다
Good Old Days를 향유하시겠습니까

낯선 사기꾼의 이태리제 선글라스

성형수술한 뮤지컬 배우의 루이뷔똥 가방

마음 떠난 약혼자의 스위스제 카르티에

낡은 정치가의 홍보석 박힌 도자기

거식증 여배우의 세공유리병에 담겨 있는 향수

헤어진 허즈의 결혼반지

연적들을 물리쳐야하는 금사발

한 해 한 번 무도회에서 걸쳤던 사치부인의 밍크코트

바람난 아내를 후려친 골프채

남장한 바람둥이 비너스의 마블 조각상

젊음이 흘러간 곳을 바라보며 하품하는 시선
전당포 창살에 갇혀
먹고 살기 힘들었던 시대의 멜랑콜리를 비웃는다

겉과 속

버릇없는 새끼의 지독한 역설, 들어 보겠는가

내 속은 겉과 달라

이아고의 혓바닥에 걸려들면 말장난이 이빨을 드러낸다

진실은 반쯤 벗은 채로 춤을 추는 법

속이고 허둥대는 질투와 복수

겉의 속에서

처음으로 자라고 있던 악의 씨앗

땅 어느 곳에 뿌리를 내리지 않은 것이 없어

눈과 귀를 잃게 하는 아름답지 못한 거짓

겉과 속을 뒤집어라

선의 씨앗이 보인다

딜레마에 빠진 캐리커쳐

이기적인 의로운 정직한 충직한 냉소적인 순진한 회의적인 위선적인 비굴한 순종하는 나약한 무정한 우울한 믿음직한 배반하는

슬픈 운명이여, 당신의 손에는 거울이 있나요

셰익스피어의 오른 손바닥에 놓인 해골

(손바닥을 보여줄까, 다시 손등을 보여줄까)

To Be, or Not To Be

(손등을 보여줄까, 다시 손바닥을 보여줄까)

무기력, 지적 우울 者의 자기변명

복수의 맛은 완벽하지 않아

복수의 맛은 까다로워

복수의 지연은

반투명한 피에 섞인 에피메테우스적 기질 탓인가

이것이 처음 만나는 햄릿의 모습이다

술 취한 코끼리와 장미

오월의 햇살은 눈 시린데 몹쓸 호기심에 이끌려
좁고 긴 골목길 지나 목젖이 앙상한 처녀를 만난다

코끼리가 장미 냄새를 맡지요
포개놓은 꽃잎은 자라기를 멈춘 색정의 눈

부정한 애인들은 저리 가라
달콤하게, 아프게

탄알처럼 춤추는 닳아빠진 슬픔의 박자
one and two, three, four…

장미의 첫 목소리
베르사이유, 베르사이유, 베르사이유

도심의 마른 공기 속으로 사라진 한낮의 농담과 중얼거림
장미 꽃잎은 다 졌다

그것은 한낮의 사소한 유머가 아니었다
겁탈이었다

페티시즘의 마리오네트들

Ⅰ

아담스채플관 문을 열고 들어갔다

알쏭달쏭 스무명의 마리오네트들 아이폰4s에 나오는 Steve Jobs 1의 사과처럼 신맛을 본다 Jobs 2가 듣고 있는 음악을 만진다 백년의 최면에 기대어 Jobs 3의 얼굴에 귀 기울인다 Jobs 4의 손가락이 쇼팽의 피아노와 현을 위한 녹턴을 두드린다

참 우울한 일이야

Jobs 5의 전두엽에 녹아 든 마리오네트 맨드라미 부풀리듯 끄집어낸다

살아있는 척

Steve Jobs의 시뮬라시옹들은 어린 꿈을 환대한다

Ⅱ

공중그네 타는 스마트폰의 노예들

내일

그리고 오늘

40대 남자의 고장난 시계처럼 역방향으로 달렸지

일요일의 스마트 상점들
페티시즘에 사로잡힌 하우라에게 천국계단으로 배웅한다
발목의 줄을 풀고 천천히 날아오르는 꿈

어릴 적 물구나무서기를 하고 바라보았던 세상이다

페티쉬한 사내의 기하학적 내면세계

불면의 밤 아내에게 얼굴 잃은 사내가 있었다
—내 사랑은 여자의 옷장 안에 있어

여자의 속옷으로 존재를 알리는 사내가 있었다
—나의 죄는 그녀의 속옷에 신이 잠들어 있다고 믿는 것

낮과 밤의 그로테스크한 얼굴로 웃고 우는 사내가 있었다
—뿌리 깊게 길들여진 채, 노골적 혹은 따뜻하거나

마술적 신음을 내는 여자의 목소리를 긁는 사내가 있었다
—치유, 치유는 봄비 내리는 날 만나

보라색 허브의 꽃말을 애무하던 사내가 있었다
—인격적 아픔에는 비극적 과거사가 있어

우울에 홀린 사내에게 여자의 속옷은
—아껴둔 부적이다

아르정탱 엿보다

1
골목의 연탄 냄새 부풀어 어스름 빛으로 울적한 저녁
길바닥의 검푸른 이끼 엄지손톱 半 크기 달빛에 물들었다
아르정탱에 맨발로 들어가 자주 꾸는 꿈 벗어두고 나왔다

2
나무로 된 제단은 사라지고 없었지만
높지 않은 천장과 벽을 지나 기억字 다락방에 들어갔다
먼지 깔린 마루 위 다락방의 미친 여자가 눈꺼풀 깜빡인다
습기 묻어 닳은 웃음, 나무 계단을 미친 듯 닦고 있다
미친 여자의 하이힐처럼 똑딱대는 자정 무렵
도둑맞은 시간에 걸어오는 연인들
연인을 능욕한 권태는 머리카락 끝에 달라붙어 있다

3

詩를 생각하다 그만
생선 눈알처럼 달구어진 자음들 꼭꼭 밀어넣어 반죽한다
슬픔 뚝뚝 떠내어 대리만족 수제비를 굽는다
기호를 품지 않은 낱말 대리만족을 모른다
—세상의 조롱거리 내 몫이 아니지

4

오늘은
소박한 음악 연주회가 있는 날이다
콘트라베이스를 든 남자의 팔뚝이 남성성 과시하고 있어요
첼로의 숨결소리는 매일 밤 떠오르는 해가 되었다
카스트라토를 죽이지 마세요

5

남자 둘 여자 하나

쭈그린 술친구들이다
한 사람의 맹세가 나뭇가지 위 잔설에 반짝이고 있어요
술 그리고 여름날의 여자만 저울질하겠다 말했지요
맥주의 쓴맛을 혀 위에 굴리며 곁눈질로 농담을 엿듣는다
혼자 잠드는 침대처럼 사는 게 아쉽다고 느껴질 때
Bevinda의 '다시 스무살이 된다면' 노래가 떠올랐어요

6
밤이면 내 꿈을 흔들어 놓던 그대는
홀린 듯 둥근 가방을 열고 감추어둔 햇빛 쏟아 부었다
—숨쉬기 운동에는 적당한 햇빛이 필요해

7
큐피드의 화살 맞고서

빠져 나오지 못한 경절형 심장이
베네딕트 여자 봉쇄 수도원 55m 종루에 사로잡혀
길게 하품하더니 졸음을 재촉하고 있다
다트 화살은 피 한 방울 남기지 않고 쏟아내는구나

Blossoming Almond Tree

꿀벌이 들었다 닫혀버린 꽃의 입술을 수 놓는다
숨쉬는 꽃가지, 하— 흐— 뛰고 춤추다
비틀린다
봄빛에 살풋 잠들어 꿈꾸듯 깨어있는 척,
엿듣는다
비단 삼겹 속곳치마 입고 나뭇가지 위에 앉은 두 여자
생식의 꿀 바르고 연미복 차려입은 신랑 곁에 선다
품었다 밀쳤다 조롱하다
봄별 아래 일광욕이나 즐기자 꼬드긴다
뻔뻔스레 떠들며 애매모호한 말로 밥먹는 Equivocator
짜놓은 행주처럼 쪼그라든 여자의 풀죽은 손톱 끝
매뉴큐어 칠한다
만월에 모은 흰 서리 마시고 활짝 웃고 있는
소름돋는
팜므파탈

불면에 시달린 고흐,
노름꾼의 손놀림으로 만곡 돌면서
캔버스에 입 맞추듯 쪽- 쪽- 두뇌의 꽃 아로새긴다
활짝 핀 아몬드 나무*
21세기 잠든 테크파탈의 미소로 태어난다

* 빈센트 반 고흐의 「Blossoming Almond Tree」가 그려진 아트쿨 제품. '테크 파탈(tech fatale)'이란 기술을 의미하는 '테크(tech)'와 영향력이 높은 여성을 뜻하는 '팜므파탈(femme fatale)'을 합친 말로, 새로운 IT 제품에 관심을 갖고 적극적으로 사려는 여성 소비자를 일컫는 말이다.

물빛 비켜가다

아나톨리氏
피 얼어붙게 하는 겨울 싸락눈 속에서 몸 녹이다 졸도했다 맑고 투명한 물빛의 보드카 코가 알코올 빛이 될 때까지 악마처럼 마셔댔다지 몸피에 어울리지 않게 슬퍼 보이는 퍼니허니

어제는 자정이 지난 시간에 '자 드루지바', 오늘은 소나기 퍼붓는 악처의 잔소리 피하려 '도 드나' 건배 올린다 버터 바른 빵에 상어알 얹어 안주로 먹는다 러시아식 피클 하나면 최상의 만찬 오늘 밤 빙판 위 요정의 몸짓으로 눕더라도 취하리라 달리의 늘어지는 시간 신탁의 밤에 빠져들자 나흘 밤낮 천국과 지옥 오르내리는 부지런 떨다 살 태우는 바이칼 호수의 저녁노을 속으로 비켜 지나갔다

한낮이라도 태양이 숨어버리면 술 굶주린 낮이다
수수께끼 같은 속살거림 들린다
—넌 누굴 사랑하지, 술인가

—천 일 밤낮 내리는 눈을 사랑해, 내 눈물 녹이는 저 눈

이희숙

석류나무 서쪽

1959년 경북 경주 출생, 대구교대 졸업, 2013년 《동리목월》로 등단, 시집 『석류나무 서쪽』 출간, 대구문학 작품상, 대구문화재단 창작지원금 받음.

구름을 바라보았다. 엉겅퀴잎이 손을 찔렀다. 내가 있어서 세상은 아귀가 맞지 않았다. 아무것도 하지 않고 가만히 있어도 뾰족한 것이 튀어나왔다. 너에게 나를 이해시키는 일은 내가 사라지는 일보다 어려웠다.

詩를 만났다. 그나마 맞는 옷이라 생각했다 씁쓸하고 달콤한 음식이었다 흘리며 퍼먹었다 나름의 걸음걸이로 발을 옮기기 시작했다. 구름이 머물다가 흘렀다. 세상의 보폭에 조금은 장단이 맞았다. 하늘이, 나무가, 꽃이 웃었다. 시를 쓰는 일은 근육을 만드는 일, 들에 꽃이 피고 노래가 핀다.

석류나무 서쪽

동쪽 창은 눈부시고
석류나무 서쪽은 그림자가 길다

나는 매일 서쪽으로 간다
동쪽 창을 데리고 서쪽으로 간다

석류나무 아래에서 스웨터를 뜬다
긴 서쪽 그림자로 스웨터를 뜬다

동쪽 창가에 석류꽃 피고
석류꽃 그늘에서 토끼가 달아난다

석류나무 서쪽에서 석류나무 서쪽으로
석류꽃이 달아난다

석류꽃 토끼는 어디로 갔을까?

나는 매일 서쪽으로 간다
동쪽 창을 데리고 서쪽으로 간다

그의 스웨트를 뜨다가 2

코들이 춤을 춘다

코바늘이 나를, 내가 나를 뜬다

바구니에서 풀려나오는 실은 끊어질 듯 이어지고
코바늘은 지그재그 엇길로 나가고

숲에서 낙엽을 문질러 몸을 씻고 알몸으로 떠도는 여자를 봤다는 입들

모래처럼 푸석한 밤
생쥐가 실을 물고 마을을 휘저은 후 스웨터는 풀어지고 풀린 실은 폭설로 쌓이고

구멍 난 채로 아침이면 다시 시작하는 뜨개질

끊어진 실을 이은 매듭에는 녹지 않은 산이 있다

매듭에 걸려 툭, 바늘 코가 부러진다

뜨다 만 스웨터 한 장, 바구니에 구겨져 있다

그의 스웨터를 뜨다가 1

당신은 부드럽고 변화에 강한 캐시미어, 난 습기를 머금고도 열에 약한 아크릴사 어울리지 않은 듯 어울리죠 기계로는 흉내낼 수 없는 손맛이 녹아있어요 때론 끊어진 부분을 이은 매듭도 무늬가 되죠 밋밋한 건 권태로워요 당신 한 가닥, 나 한 가닥이 어긋난 그 곳에 보풀이 일어요 보풀 너머 실버들 가지 같은 실로 가닥가닥 뜨다보면 웃는 이모티콘 떠오르지 않겠어요 선한 눈매가 보이는 듯해요 코바늘 끝에서 열린 열매처럼 서로의 몸을 감싸는 옷이 직조되고 있어요, 우리의 계절엔 순서가 없어요 여름 다음에 겨울이 오기도 하죠 그럴 땐, 마음까지 덮어주는 털옷이 필요해요 앗, 아랫단에 긴뜨기 한 코 빠뜨렸네요 그 실수까지 풀어내면 서로의 몸에 스몄던 흔적이 고불거리며 풀려나와요 직선 아닌 곡선이라서 옷이 되고 목도리가 되죠 꼭 뼈대로만 뭔가를 세우는 건 아니잖아요 유연한 곡선이 되어 바늘 코가 문드러지도록 서로의 보폭에 맞추어 뜨실래요?

암적색

1

색깔이 그녀를 끌고 간다 보라, 주황나무들이 내려다보는 숲, 토끼 한 마리 옷자락을 물어뜯는다 푸른 탱자는 피해가야 해 매일 아침 배달되는 상자, 버스는 그녀를 상자 밖으로 실어다 주지 못한다 엄지발톱에서 빛나는 암적색 페디큐어 그 색깔이 낸 길로 이끌려 간다

2

병꽃나무 숲을 지난다 어둠 속 발은 떨어져 내린 붉은 병꽃을 밟는다 그녀 꽃의 목을 분질러 달라한다 눈먼 장님은 그럴 수 없다 한다 유리 조각으로 꽃을 잘라버린 그녀, 엄지발톱이 낸 먼 길로 달아난다 거울, 루즈, 볼펜이 구멍난 가방으로 빠져 나온다 페디큐어를 지울 때까지 맨발이다 그녀는 암적색 페디큐어를 엄지발톱에 덧칠한다

3

구멍 난 가방에서 시간이 새나온다 여름에 눈이 내

리고 태양은 저녁에나 뜬다 숲엔 보라, 주황나무들로 가득하다 호랑나비 날아들어 원피스 자락의 무늬가 된다 잠 속으로 빠져든다 빛 한 줄기 내려온다 빛을 안고 공중으로 떠오른다

4

뇌의 한 부분을 도려내야 해 도려낸 조각은 개에게 던져줘 독이 혈관을 타고 흘러내린다 피부에 붉은 반점이 돋는다 잠 속 귀뚜라미들과 혼음을 한다 독은 꽃 피고 시들기까지의 힘이다

5

암적색 크래파스로 자화상을 그린다 그녀는 종이가 된다 몸은 셀룰로스*, 자주 길을 잃고 쉬 찢어지는 심장으로 칼, 가위 쪽으로는 얼씬 못한다 세상은 종이 한 장으로 부딪치기엔 너무 두껍다

6

진달래 봉오리를 유방 속에서 끄집어낸다 그녀, 털실을 감는다 첫 코부터 시작이다 사슬코에 짧은뜨기 두 단, 그 위에 솔잎무늬로 줄여가며 떠올린다 한 단 한 단 떠올릴수록 봉긋해지는 유방, 어둠 속에서 피어나는 모란이다 모란 속 그녀가 모란 밖 그녀를 본다 뜨다만 모란에 구멍이 난다

*기욤 뮈소의 소설 「종이여자」 중에서

눈의 안쪽

세상이 쵸코렛 통속으로 빠졌어요 바닥의 책들이 발에 걸려요 식탁을 몸으로 들이 받아요 손이 당황한 발을 잡아줘요 담벼락을 더듬는 손끝, 땅을 더듬는 손끝이 동공을 열고 세상을 보기 시작해요 손끝에서 나온 빛이 나팔꽃 줄기처럼 건물 벽을 타고 올라가요 허공을 더듬던 손을 맞잡자 다른 손으로 감고 올라가요

손톱 사이 가시에서 싹이 돋아요 손끝에서 자란 나팔꽃 줄기는 서로의 몸을 엮는 끈, 엮인 몸은 서로의 온기를 전해요 복종을 강요받던 강아지는 풀려나 거리를 활보하다 쓰러진 사람의 눈물을 핥아줘요* 자동차는 이미 쓰레기, 서로를 향하여 손가락 끝에 달린 램프를 켜서 앞을 비춰요 우물 하나씩을 꺼낸 뒤 물을 긷고 목을 축여요 흙에서 사람냄새가 나요 닫힌 문을 부수고 나와 손끝으로 보는 하늘, 눈먼 자들의 도시는 눈을 버리고서야 비로소 서로를 향한 눈이 떠져요

*주제 사라마구의 소설 「눈먼 자들의 도시」 중에서

무밭

무를 뽑는다 무는 셀 수 없이 많고 무밭은 광활하다 잘 자란 무는 탐스럽다 무맛은 맵고 달콤하다 무를 뽑는다 무를 뽑다가 잡풀을 뽑기도 한다 속살이 붉은 무를 한 입 깨문다 붉은 무 속엔 한 켜 한 켜 죽은 태양이 스며 있고 죽은 창문에 죽은 비가 내리고 죽은 창엔 검은 잎이 무성하다 죽은 무청이 하늘로 치솟는다 속이 흰 무를 오래 두면 연두빛 햇살이 살아난다

트럭이 무를 싣고 아파트 앞에 도착한다 싱싱한 무를 사세요 남자가 방금 뽑은 무를 좌판에 놓고 지나가는 사람들을 붙잡는다 여자는 무를 썰다 말고 붕대를 찾는다 속살 속의 핏자국, 무와는 거리를 둬야합니다 누군가 그녀에게 충고를 한다 오늘 저녁엔 무국을 끓여야겠어 탐스럽고 싱싱한 무를 뽑기 위해 여자는 밤마다 무밭을 헤매고 있다

놈이 찾아왔다

다짜고짜 내 머리채를 잡고 흔든다
몸에 눈 녹은 물을 퍼붓는다

놈이 오던 날은
침대며 방이며 옷가지며 마구 흩어져 있었다

놈이 차가운 외투를 벗어 내 어깨에 덮어준다
옷을 던져버린다

내가 놈의 머리채를 잡고 흔든다
뒷걸음치는가 싶더니 나를 낚아챈다

눈물 콧물 기침이 빠져나오고 난 바들바들

경계를 풀고 좀 친해 봐
놈이 말한다

빼꼼히 문을 열듯 나를 연다

봇물 터지듯 내가 터진다

그리 맺힌 게 많냐고
속 시원히 자신에게 풀라고

며칠 후
난 날리는 꽃잎을 맞으며 꽃나무 아래에 서 있다

수천 개의 뼈에 수천 개의 눈을 가진 놈

어느 날
놈은 사라지고
앵두 자두 살구가 깜찍하다

Us*

영화를 본다 스크린 속 컴컴한 곳에 여자가 있다 가위를 든 그녀가 스크린에서 뛰쳐나와 관람석에 앉은 나를 찌른다 아악,

넌 누구니?

피가 의자 위로 흐른다 그녀가 내 안으로 뛰어든다 내 간을 씹어 먹는다 죽은 내 안에서 나온 그녀는 영화관을 뛰쳐나와 숲으로 도망간다 죽은 내가 살아난다

숲에는 붉은 옷을 입은 사람들이 손에 손을 잡고 있다 그녀가 가위로 그들의 손을 자른다 자세히 보니 가위를 든 그녀도 손에 손을 잡은 그들도 모두 나다 이 많은 나들은

어디서 온 거니?

이들은 하수구로 흘러간 너의 머리카락들이야 나 옆

의 내가 말한다

나 옆에 나, 나 옆에 또 나, 나 나 나 수 많은 나들이 손을 잡고 있다 내가 휘두른 가위날에 찔려 모르는 남자가 죽어가고 있다

내가 무슨 짓을 한 거니?

저 많은 악령들이 나라니 죽여도 죽여도 죽지 않는, 내 입에 악한 웃음을 짓게 하는 나라니 어서 도망가, 그가 달아난다 그의 뒤를 붉은 옷을 입은 그들이 줄지어 따라간다

*조던 필 감독의 공포 영화

9호선

동작역에서 9호선을 탔다

그랬었나? 우리 앞에서는 그렇게 밝은 척을 하더니 며칠 전 나와 통화했어 여자 이야기만 하더라구 여자에 미친 놈인가 했지 근데 이게 무슨 일이야 같이 일한 지 3개월밖에 안 됐어

지난 주에 회식을 했어 쭈꾸미 배터지게 먹었지 술에 취하면 음악을 듣더라구

그는 유령 같았어 밤마다 천장에서 눈알이 쏟아진다고 창밖으로 던져도 던져도 쏟아지는 눈알들 썩은 눈알이 얼굴로 날아오고 몸을 강타하면 미친 듯 음악을 듣는다고, 창밖에 눈이 내리네 저 흰 세계로 뛰어들 수 있을까 그러다 보면 죽은 엄마가 거기 서 있다고

오늘 아침 강원도 야산에서 목을 맸대

난 봄이 되면 복학할 거야

내 옆자리에 앉았던 그녀의 통화는 길었다 그녀는 통화를 하면서 가양역에서 내렸다

플라멩고 걸

—스페인 세비자에서

손뼉소리, 발구르는 소리, 캐스터네츠 소리 칸테에 빨려들고 관중석은 가라앉는다 물결 따라 펄떡이는 은어, 지느러미를 흔들며 끌며 차며 흐르다가 급선회한다 물 밖으로 치솟는다 눈이 반짝인다 은어는 불에 탄 물을 뱉고, 짓무른 내장을 뱉고, 울 수 없는 왜가리를 뱉는다 물이 튀고 지느러미가 튀고 칸테 플라멩고가 튄다 새들이 연신 물 속에서 튀어 나온다 너의 춤 나의 춤, 사크로몬테 동굴에서 뱉어지고 행간에서 뱉어지고 뱉지 않으면 살 수 없다 내가 뱉은 뱁새 몇 마리도 천장으로 날아오른다 천장에는 새들로 가득하지만 울 수 없으므로 고요하다 버스를 타고 도로를 달린다 창밖, 올리브 나무가 팔을 흔들고 길가, 유도화가 몸을 비튼다 그 속에 유도화의 닮은 발톱이 보인다

13시의 발자취

〈13詩〉 동인의 출발점은 2012년도 연말에 대구시인협회 입회에서 출발한다. 입회 문턱이 까다로웠던 시절, 대거 대구시협에 들어갔다.

2012년 입회한 신입회원들이 2013년 6월 13일 반월당 안동국시에서 모여 〈13시〉 동인을 결성하였다. 13의 숫자의 의미는 다의적으로 해석할 수 있겠다. 대구시협에 입회한 해가 2013년이고, 이상의 시 「오감도」의 13의 아해이며, 정오를 넘긴 13시, 다소 늦깎이 13인 시인들의 모임이기도 하다. 회장에 박태진, 총무에 박언숙이 맡기로 결의하였다.

2012년 7월에 사윤수 회원의 첫 시집 『파온』(시산맥), 8월에 김상윤 회원의 2시집 『슈뢰딩거의 고양이』(만인사)를 발간하고 1년이 지나 11월 30일 작은 출판기념회를 가졌다.

2013년 9월 17일 박태진 회장의 첫시집 『물의 무늬가 바람이다』(북랜드)를 발간하고 출판기념회를 가졌다. 이어 10월 2일 변희수 회원이 천강문학상을 수상하였다.

2014년 7월 5~6일 안동 농암종택에서 1박2일 고택 체험을 하면서 동인지 발간을 발의하였고, 2015년 12월 20일 동인지 『13시』 창간호(만인사)를 발간하였다.

2016년 새해 첫날, 변희수 회원이 《경향신문》 신춘문예에 「의자가 있는 골목」이 당선되었고, 1월 20일 윤은희 회원의 첫시집 『아르정땡을 엿보다』(애지)를 발간하였다.

2018년 2월 2일 변희수 회원 첫시집 『아무것도 아닌, 모든』(서정시학)을 발간하였고, 세종문학나눔도서에 선정되었다. 10월 8일 박태진 회장 대구예술상을 수상하였다.

2019년 9월 이희숙 회원이 13시 동인에 합류하였고, 10월 31일 사윤수 회원의 2시집 『그리고, 라는 저녁 무렵』(시인동네)이 발간, 11월에 『13詩 자선집』이 만인시인선 70번으로 발간하였다.

만인시인선 70

13詩 자선집

초판 인쇄 2019년 12월 5일
초판 발행 2019년 12월 10일

지은이 / 김 상 윤 외
펴낸이 / 박 진 환

펴낸 곳 / 만인사
출판등록 / 1996년 4월 20일 제03-01-306호
주소 / 41960 대구광역시 중구 명륜로 116
전화 / (053)422-0550
팩스 / (053)426-9543
전자우편 / maninsa@hanmail.net
홈페이지 / www.maninsa.co.kr

ISBN 978-89-6349-141-7 03810

값 15,000원

* 이 도서의 국립중앙도서관 출판예정도서목록(CIP)은 서지정보유통지원시스템 홈페이지(http://seoji.nl.go.kr)와 국가자료종합목록 구축시스템(http://kolis-net.nl.go.kr)에서 이용하실 수 있습니다(CIP제어번호 : CIP2019048728).

만 / 인 / 시 / 인 / 선

1. **이하석** 시집 | 高靈을 그리다
2. **박주일** 시집 | 물빛, 그 영원
3. **이동순** 시집 | 기차는 달린다
4. **박진형** 시집 | 풀밭의 담론
5. **이정환** 시집 | 원에 관하여
6. **김선굉** 시집 | 철학하는 엘리베이터
7. **박기섭** 시집 | 하늘에 밑줄이나 긋고
8. **오늘의 시 동인** | 「오늘의 시」 자선집
9. **권국명** 시집 | 으능나무 금빛 몸
10. **문무학** 시집 | 풀을 읽다
11. **황명자** 시집 | 귀단지
12. **조두섭** 시집 | 망치로 고요를 펴다
13. **윤희수** 시집 | 풍경의 틈
14. **장하빈** 시집 | 비, 혹은 얼룩말
15. **이종문** 시집 | 봄날도 환한 봄날
16. **박상옥** 시집 | 허전한 인사
17. **박진형** 시집 | 너를 숨쉰다
18. **정유정** 시집 | 보석을 사면 캄캄해진다
19. **송진환** 시집 | 조롱당하다
20. **권국명** 시집 | 초록 교신
21. **김기연** 시집 | 소리에 젖다
22. **송광순** 시집 | 나는 목수다
23. **김세진** 시집 | 점자블록
24. **박상봉** 시집 | 카페 물땡땡
25. **조행자** 시집 | 지금은 3시
26. **박기섭** 시집 | 엮음 愁心歌
27. **제이슨** 시집 | 테이블 전쟁
28. **김현옥** 시집 | 언더그라운드
29. **노태맹** 시집 | 푸른 염소를 부르다
30. **이하석 외** | 오리 시집
31. **이정환** 시집 | 분홍 물갈퀴
32. **김선굉** 시집 | 나는 오리 할아버지
33. **이경임** 시집 | 프리지아 칸타타
34. **권세홍** 시집 | 능소화 붉은 집
35. **이숙경** 시집 | 파두